...LLART, IMPRIMEUR ÉDITEUR, ABBEVILLE

C. PAILLART, Imprimeur-Éditeur, ABBEVILLE (Somme)

AUX SOURDES PARLANTES

De l'Institution de Bourg

Mes chères Enfants,

Vous connaissez ce Catéchisme ;

Je vous l'ai enseigné plusieurs années ;

Il est simple et facile à comprendre :

Je suis heureux de vous l'offrir.

La Révérende Mère Supérieure Générale a bien
voulu le faire imprimer ;

Un Ami l'a gracieusement illustré :

Qu'il vous soit utile.

Recevez-le comme un souvenir de celui qui fut
longtemps votre Aumônier et qui reste toujours

Votre tout dévoué en N.-S.

H. CONVERT,
CURÉ.

ÉVÊCHÉ
de
BELLEY

Belley, le 5 Décembre 1890.

CHER MONSIEUR LE CURÉ,

D'après le rapport du Théologien auquel j'ai confié l'examen de votre *Catéchisme à l'usage des Sourds-parlants,* « la doctrine de ce petit Manuel « est exacte, la rédaction en est simple, et les vérités « y sont exposées avec autant de méthode que de « précision. »

Je suis donc heureux de vous accorder l'*imprimatur,* et d'y joindre mes félicitations pour le zèle actif et intelligent avec lequel vous vous êtes dévoué à l'instruction religieuse des pauvres enfants auxquels votre ouvrage est destiné.

Veuillez agréer, cher Monsieur le Curé, l'assurance de mes sentiments respectueux et dévoués en N.-S.

† LOUIS-JOSEPH, *Ev. de Belley.*

Saint François de Sales enseigne le catéchisme.

PRIÈRES DU MATIN ET DU SOIR

Au nom du Père et du Fils et du Saint-Esprit. Ainsi soit-il.

L'ORAISON DOMINICALE

Notre Père, qui êtes aux cieux, que votre nom soit sanctifié, que votre règne arrive, que votre volonté soit faite sur la terre comme au ciel ; donnez-nous aujourd'hui notre pain de chaque jour, pardonnez-nous nos offenses, comme nous pardonnons à ceux qui nous ont offensés, et ne nous laissez pas succomber à la tentation, mais délivrez-nous du mal. Ainsi soit-il.

LA SALUTATION ANGÉLIQUE

Je vous salue, Marie, pleine de grâces ; le Seigneur est avec vous ; vous êtes bénie par-dessus toutes les femmes, et Jésus, le fruit de vos entrailles, est béni.

Sainte Marie, Mère de Dieu, priez pour nous, pauvres pécheurs, maintenant et à l'heure de notre mort. Ainsi soit-il.

LE SYMBÔLE DES APÔTRES

Je crois en Dieu, le Père tout-puissant, créateur du ciel et de la terre, et en Jésus-Christ, son Fils unique, Notre-Seigneur, qui a été conçu du Saint-Esprit, est né de la Vierge Marie ; qui a souffert sous Ponce-Pilate, a été crucifié, est mort et a été enseveli ; qui est descendu aux enfers, et le troisième jour est ressuscité d'entre les morts ; qui est monté aux cieux ; est assis à la droite de Dieu le Père tout-puissant, d'où il viendra juger les vivants et les morts.

Je crois au Saint-Esprit, à la Sainte Eglise catholique, à la communion des Saints, à la rémission des péchés, à la résurrection de la chair, à la vie éternelle. Ainsi soit-il.

LA CONFESSION DES PÉCHÉS

Je confesse à Dieu tout-puissant, à la bienheureuse Marie toujours vierge, à saint Michel archange, à saint Jean-Baptiste, aux apôtres saint Pierre et saint Paul, à tous les Saints (et à vous, mon Père), que j'ai beaucoup péché par pensées, par paroles, par actions et par omission :

C'est ma faute, c'est ma faute, c'est ma très grande faute. C'est pourquoi je supplie la bienheureuse Marie toujours vierge, saint Michel archange, saint Jean-Baptiste, les apôtres saint

Pierre et saint Paul et tous les Saints (et vous, mon Père), de prier pour moi le Seigneur notre Dieu.

Dieu tout-puissant, ayez pitié de nous, pardonnez-nous nos péchés et conduisez-nous au ciel. Ainsi soit-il.

Seigneur tout puissant et miséricordieux, effacez nos péchés et délivrez-nous des peines qu'ils ont méritées. Ainsi soit-il.

ACTE DE FOI

Mon Dieu, je crois fermement toutes les vérités que l'Église enseigne, parce que c'est vous-même qui les avez révélées et que vous ne pouvez ni vous tromper ni nous tromper.

ACTE D'ESPÉRANCE

Mon Dieu, j'espère avec confiance qu'à cause des mérites de Jésus-Christ, vous me donnerez votre grâce pendant ma vie et le ciel après ma mort, parce que vous me l'avez promis et que vous êtes souverainement bon pour moi.

ACTE D'AMOUR DE DIEU

Mon Dieu, je vous aime de tout mon cœur et par-dessus toutes choses parce que vous êtes infiniment aimable ; j'aime aussi mon prochain comme moi-même, pour vous plaire.

ACTE DE CONTRITION

Mon Dieu, mon Père, j'ai un très grand regret de vous avoir offensé, parce que vous êtes infiniment bon, infiniment aimable et que le péché vous déplaît. Pardonnez-moi mes péchés à cause des souffrances et des mérites de Jésus-Christ, mon Sauveur ; je vous promets de me corriger avec votre grâce et de faire pénitence.

PRIÈRES POUR LA COMMUNION

Actes avant la Communion

ACTE DE FOI

Jésus, mon souverain Seigneur, vous êtes vraiment dans la sainte Eucharistie ; c'est votre corps, votre sang, votre âme, votre divinité que je vais recevoir dans cet adorable sacrement ; je le crois avec une ferme foi, ô mon Dieu, parce que c'est vous qui l'avez révélé.

ACTE D'ESPÉRANCE

Ceux qui mangent votre chair et boivent votre sang, vous l'avez dit, ô Jésus, auront la vie éternelle et ressusciteront glorieux à la fin du monde. J'ai en vous, divin Sauveur, une entière confiance, et j'espère que, recevant la sainte communion, elle augmentera et conservera en moi la grâce sanctifiante, votre amour et toutes les vertus chrétiennes, et qu'un jour j'aurai le bonheur de vous voir dans le ciel et d'y être éternellement heureux avec vous.

ACTE D'AMOUR

Divin Sauveur, que vous êtes bon, que vous êtes aimable ! Vous venez en moi pour être la nourriture de mon âme ! Pourrai-je ne pas vous aimer ? Oui, mon Dieu, je vous aime de tout mon cœur. Faites-moi la grâce de vivre et de mourir dans votre amour.

ACTE D'HUMILITÉ

Mon Seigneur et mon Dieu, vous êtes infiniment saint et je suis pécheur. Je ne mérite pas de vous recevoir, mais dites seulement une parole et mon âme sera guérie.

ACTE DE DÉSIR

Mon âme vous désire, ô mon Dieu, vous la remplissez de joie et de bonheur. Venez me visiter, ô miséricordieux Jésus, venez habiter en moi, afin que je vive en vous et pour vous.

Actes après la Communion

ACTE D'ADORATION

O Jésus, Fils de Dieu fait homme, vous qui êtes mort sur la croix pour me sauver, vous reposez maintenant dans mon cœur ! Je vous adore. Vous êtes infiniment parfait, vous êtes le créateur et le souverain maître de toutes choses, je le reconnais, ô Jésus, et je me soumets entièrement à vous.

ACTE DE REMERCIEMENT

Seigneur, vous avez eu pitié de moi. Mon âme était malade et vous l'avez guérie. Elle était pauvre et vous l'avez comblée de grâces ; je vous serai éternellement reconnaissant.

ACTE D'OFFRANDE

Mon Dieu, vous m'avez donné votre corps, votre sang, votre âme et votre divinité; je vous offre à mon tour mon corps pour vous obéir, mon cœur pour vous aimer, mon esprit pour penser à vous; je vous consacre tout ce que j'ai, je suis à vous pour toute ma vie.

ACTE DE DEMANDE

Mon divin Sauveur, vous habitez en moi, je vous possède, je vous aime, je veux vous garder toujours! Protégez-moi quand le démon me tentera, aidez-moi jusqu'à ma mort à observer vos commandements et à éviter le péché. Ainsi soit-il.

CATÉCHISME

A L'USAGE DES SOURDS PARLANTS

PREMIÈRE PARTIE

Symbole des Apôtres

CHAPITRE I. — De Dieu.

1. — Qui a fait le soleil, les plantes, les animaux, les anges, les hommes ?

C'est Dieu qui a fait le soleil, les plantes, les animaux, les anges et les hommes.

2. — Qu'est-ce que Dieu ?

Dieu est un esprit éternel, infiniment parfait, créateur et souverain maître de toutes choses.

3. — Dieu est-il un esprit?

Oui, Dieu est un *esprit*, il n'a point de corps, et nous ne pouvons ni le voir, ni le toucher.

4. — Dieu est-il éternel?

Oui, Dieu est *éternel*, il n'a jamais commencé et il ne finira jamais.

5. — Dieu est-il infiniment parfait?

Oui, Dieu est infiniment parfait, il a toutes les perfections sans défauts; il est infiniment bon, infiniment puissant et juste, etc.

6. — Dieu est-il créateur de toutes choses?

Oui, Dieu est créateur de toutes choses; il a fait de rien le ciel, la terre, les hommes et tout ce qui existe.

7. — Dieu est-il souverain maître de toutes choses?

Oui, Dieu est souverain maître de toutes choses; tout lui appartient et tout doit lui obéir.

CHAPITRE II. — **De Dieu** (*suite*).

1. — Où est Dieu?

Dieu est au ciel, sur la terre, partout.

2. — Dieu voit-il tout?

Oui, Dieu voit tout.

3. — Voit-il tout ce que nous faisons?

Oui, Il voit tout ce que nous faisons.

4. — Voit-il tout ce que nous désirons?

Oui, Il voit tout ce que nous désirons.

5. — Voit-il tout ce que nous pensons ?

Oui, Il voit tout ce que nous pensons.

6. — Entend-il tout ce que nous disons ?

Oui, Il entend tout ce que nous disons.

7. — Pouvons-nous lui cacher quelque chose ?

Non, nous ne pouvons rien lui cacher.

8. — Dieu est-il saint ?

Oui, Dieu est saint, il aime le bien et récompense les bons.

9. — Que déteste-t-il ?

Il déteste le mal et punit les méchants.

10. — Mais, est-il miséricordieux ?

Oui, il est miséricordieux, il aime à pardonner quand nous avons regret de lui avoir désobéi.

11. — Qui est ce qui nous conserve ?

C'est Dieu qui nous conserve.

C'est Dieu qui fait croître les moissons et pare les lis des champs.

12. — De qui prend-il soin ?

Il prend soin de nous et de toutes les créatures.

13. — Pourquoi Dieu nous a-t-il créés et pourquoi nous conserve-t-il ?

Dieu nous a créés et nous conserve pour le connaître, l'aimer, lui obéir et mériter le Ciel.

CHAPITRE III. — Des Mystères

DU MYSTÈRE DE LA SAINTE TRINITÉ

§ I. — DES MYSTÈRES

1. — Qu'est-ce qu'un mystère ?

Un mystère est une vérité que Dieu nous a révélée et que nous ne pouvons pas comprendre.

2. — Devons-nous croire les mystères ?

Oui, nous devons croire les mystères, parce que c'est Dieu qui les a révélés.

3. — Quels sont les principaux mystères de la religion ?

Il y a trois principaux mystères de la religion : le mystère de la Sainte-Trinité, le mystère de l'Incarnation et le mystère de la Rédemption.

§ II. — DU MYSTÈRE DE LA SAINTE-TRINITÉ

4. — Qu'est-ce que le mystère de la Sainte-Trinité ?

Le mystère de la Sainte-Trinité est le mystère d'un seul Dieu en trois personnes égales et distinctes.

IL N'Y A QU'UN SEUL DIEU ET TROIS PERSONNES EN DIEU

5. — Y a-t-il plusieurs Dieu ?

Non, il n'y a qu'un seul Dieu.

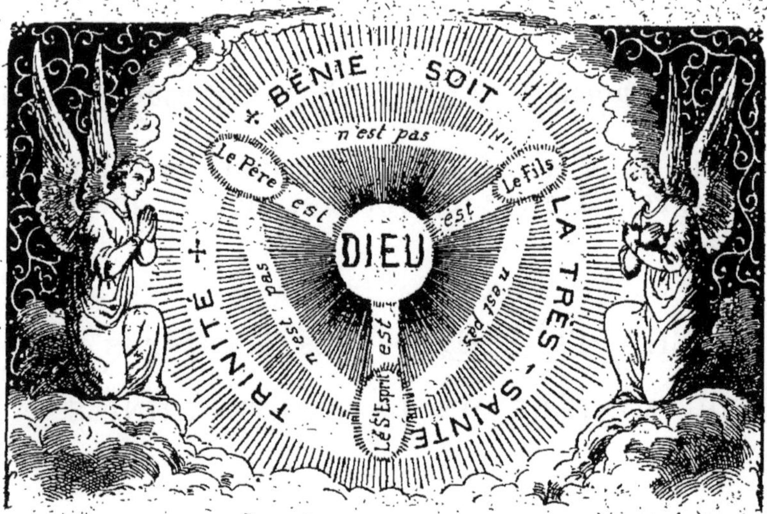

6. — Mais, y a-t-il plusieurs personnes en Dieu ?

Oui, il y a trois personnes en Dieu : le Père, le Fils et le Saint-Esprit.

7. — Quelle est la première personne de la Sainte-Trinité ?

La première personne de la Sainte-Trinité est le Père.

8. — Quelle est la deuxième personne de la Sainte-Trinité ?

La deuxième personne de la Sainte-Trinité est le Fils.

9. — Quelle est la troisième personne de la Sainte-Trinité ?

La troisième personne de la Sainte-Trinité est le Saint-Esprit.

10. — Le Père est-il Dieu ?

Oui, le Père est Dieu.

11. — Le Fils est-il Dieu ?

Oui, le Fils est Dieu.

12. — Le Saint-Esprit est-il Dieu ?

Oui, le Saint-Esprit est Dieu.

13. — Le Père est-il une personne divine ?

Oui, le Père est une personne divine.

14. — Le Fils est-il une personne divine ?

Oui, le Fils est une personne divine.

15. — Le Saint-Esprit est-il une personne divine ?

Oui, le Saint-Esprit est une personne divine.

16. — Mais les trois personnes divines sont-elles trois Dieux ?

Non, les trois personnes divines ne sont pas trois Dieux.

17. — Les trois personnes divines : le Père, le Fils et le Saint-Esprit sont donc un seul et même Dieu ?

Oui, les trois personnes divines : le Père, le Fils et le Saint-Esprit sont un seul et même Dieu.

LE PÈRE, LE FILS ET LE SAINT-ESPRIT SONT TROIS PERSONNES ÉGALES

18. — Le Père, le Fils et le Saint-Esprit sont-ils égaux ?

Oui, le Père, le Fils et le Saint-Esprit sont égaux.

19. — Le Père est-il éternel ?

Oui, le Père est éternel.

20. — Le Fils est-il éternel ?

Oui, le Fils est éternel.

21. — Le Saint-Esprit est-il éternel ?

Oui, le Saint-Esprit est éternel.

22. — Où est le Père ?

Le Père est au ciel, sur la terre, partout.

23. — Où est le Fils ?

Le Fils est au ciel, sur la terre, partout.

24. — Où est le Saint-Esprit ?

Le Saint-Esprit est au ciel, sur la terre, partout.

25. — Le Père est-il tout-puissant ?

Oui, le Père est tout puissant.

26. — Le Fils est-il tout-puissant ?

Oui, le Fils est tout puissant.

27. — Le Saint-Esprit est-il tout-puissant ?

Oui, le Saint-Esprit est tout puissant.

28. — Le Père est-il infiniment bon, infiniment aimable, infiniment parfait ?

Oui, le Père est infiniment bon, infiniment aimable, infiniment parfait.

29. — Le Fils est-il infiniment bon, infiniment aimable, infiniment parfait ?

Oui, le Fils est infiniment bon, infiniment aimable, infiniment parfait.

La Très-Sainte Trinité couronne la Sainte Vierge.

30. — Le Saint-Esprit est-il infiniment bon, infiniment aimable, infiniment parfait ?

Oui, le Saint-Esprit est infiniment bon, infiniment aimable, infiniment parfait.

LE PÈRE, LE FILS ET LE SAINT-ESPRIT SONT TROIS PERSONNES DISTINCTES

31. — Mais, le Père, le Fils et le Saint-Esprit sont-ils une seule personne ?

Non, le Père, le Fils et le Saint-Esprit ne sont pas une seule personne.

32. — Le Père, le Fils et le Saint-Esprit sont-ils trois personnes distinctes ?

Oui, le Père, le Fils et le Saint-Esprit sont trois personnes distinctes.

CHAPITRE IV. — Des Anges

1. — Quelles sont les créatures les plus parfaites ?

Les créatures les plus parfaites sont les anges et les hommes.

2. — Qu'est-ce que les Anges ?

Les anges sont des esprits créés qui n'ont point de corps.

3. — Dieu a-t-il créé tous les Anges justes et saints ?

Oui, Dieu a créé tous les anges justes et saints.

4. — Pourquoi Dieu a-t-il créé les Anges ?

Dieu a créé les anges pour le connaître, l'aimer, lui obéir et mériter le ciel.

§ I. — DES MAUVAIS ANGES

5. — Beaucoup d'Anges ont-ils désobéi à Dieu ?

Oui, beaucoup d'anges ont désobéi à Dieu.

6. — Qu'ont-ils perdu ?

Ils ont perdu la justice et la sainteté.

7. — Comment les appelle-t-on ?

On les appelle les mauvais anges ou les démons.

8. — Dieu les a t-il punis?

Oui, Dieu les a immédiatement punis et jetés en enfer.

9. — Y souffrent-ils ?

Oui, ils y souffrent beaucoup.

10. — Les démons viennent-ils quelquefois sur la terre ?

Oui, les démons viennent souvent sur la terre pour nous exciter à pécher.

11. — Mais si nous prions bien, pouvons-nous leur résister?

Oui, si nous prions bien, nous pouvons toujours leur résister.

Le démon cherche à nuire à la Bˢᵉ Marguerite-Marie, qui est gardée par un Séraphin.

§ II. — DES BONS ANGES

12. — Les autres Anges ont-ils obéi à Dieu ?

Oui, les autres anges ont obéi à Dieu.

13. — Sont-ils restés justes et saints ?

Oui, ils sont restés justes et saints.

14. — Comment les appelle-t-on ?

On les appelle les bons anges.

15. — Dieu les a-t-il récompensés ?

Oui, Dieu les a aussitôt récompensés et mis dans le ciel.

16. — Que font les bons Anges dans le ciel ?

Dans le ciel, les bons anges voient Dieu, l'aiment, le servent et le louent.

17. — Dieu envoie-t-il les bons Anges sur la terre ?

Oui, Dieu envoie les bons anges sur la terre pour nous garder.

18. — Avons-nous chacun un bon Ange ?

Oui, nous avons chacun un bon ange qui veille sur nous et nous protège.

19. — Comment l'appelle-t-on ?

On l'appelle l'Ange Gardien.

20. — Quels sont nos devoirs envers l'Ange Gardien ?

Nous devons aimer l'Ange Gardien, le respecter et le prier.

CHAPITRE V. — Des Hommes

DU PREMIER HOMME ET DE LA PREMIÈRE FEMME

§ I. — DES HOMMES

1. — Qu'est-ce que les hommes ?

Les hommes sont des créatures raisonnables, qui ont un corps et une âme.

2. — Avons-nous un corps ?

Oui, nous avons un corps.

3. — Notre corps a-t-il plusieurs parties ?

Oui, notre corps a plusieurs parties ; on le voit, on le touche, il grandit, il vieillit...

4. — Mourra-t-il ?

Oui, il mourra.

5. — Avons-nous une âme ?

Oui, nous avons une âme.

La chûte du premier homme.

6. — Qu'est-ce que l'âme ?

L'âme est un esprit créé pour être uni à un corps.

7. — La voit-on ?

Non, on ne la voit pas, on ne la touche pas, elle ne vieillit pas...

8. — Mourra-t-elle ?

Non, elle ne mourra jamais.

9. — Est-ce notre âme qui pense ?

Oui, c'est notre âme qui pense.

10. — Est-ce notre âme qui comprend ?

Oui, c'est notre âme qui comprend.

11. — Est-ce notre âme qui aime ?

Oui, c'est notre âme qui aime.

12. — Est-ce notre âme qui veut ?

Oui, c'est notre âme qui veut.

13. — Notre corps peut-il penser ?

Non, notre corps ne peut pas penser.

14. — Notre corps peut-il comprendre ?

Non, notre corps ne peut pas comprendre.

15. — Notre corps peut-il aimer ?

Non, notre corps ne peut pas aimer.

16. — Notre corps peut-il vouloir ?

Non, notre corps ne peut pas vouloir.

17. — A qui l'âme ressemble-t-elle ?

L'âme ressemble à Dieu, parce qu'elle est un esprit et qu'elle peut comprendre, aimer et vouloir librement comme Dieu.

§ II. — DU PREMIER HOMME ET DE LA PREMIÈRE FEMME

18. — Quel a été le premier homme ?

Le premier homme a été Adam.

19. — Quelle a été la première femme ?

La première femme a été Eve.

20. — Dieu créa-t-il Adam et Eve innocents et saints ?

Oui, Dieu créa Adam et Eve innocents et saints.

21. — Où les plaça-t-il ?

Il les plaça dans le paradis terrestre.

22. — Qu'était-ce que le paradis terrestre ?

Le paradis terrestre était un jardin délicieux, plein de toutes sortes de fruits excellents.

23. — Tant qu'Adam et Eve furent innocents et saints pouvaient-ils souffrir et mourir ?

Non, tant qu'Adam et Eve furent innocents et saints, ils ne pouvaient ni souffrir ni mourir.

Adam et Eve chassés du Paradis terrestre.

24. — Étaient-ils inclinés au mal et sujets à l'ignorance ?

Non, ils n'étaient pas inclinés au mal ni sujets à l'ignorance.

25. — Étaient-ils heureux ?

Oui, ils étaient très heureux.

CHAPITRE VI. — Chute d'Adam et d'Eve

1. — Mais Adam et Eve désobéirent-ils à Dieu ?

Oui, Adam et Eve désobéirent à Dieu et firent un péché très grave.

2. — Que perdirent-ils ?

Ils perdirent l'innocence et la sainteté.

3. — Que méritèrent-ils ?

Ils méritèrent l'enfer.

4. — Dieu les laissa-t-il dans le paradis terrestre ?

Non, pour les punir, Dieu les chassa du paradis terrestre.

5. — A quoi les condamna-t-il ?

Il les condamna à souffrir et à mourir.

6. — A quoi devinrent-ils sujets ?

Ils devinrent sujets à l'ignorance, inclinés au mal et aux choses deshonnêtes.

7. — Si Dieu ne leur avait pas pardonné, auraient-ils pu aller au Ciel ?

Non, si Dieu ne leur avait pas pardonné, ils n'auraient pas pu aller au ciel.

8. — Mais Dieu leur pardonna-t-il ?

Oui, Dieu leur pardonna parce que Jésus-Christ devait venir sur la terre pour mériter leur pardon.

L'Immaculée-Conception.

CHAPITRE VII. — Du péché originel

1. — De qui sommes-nous les enfants ?

Nous sommes les enfants d'Adam et d'Eve.

2. — Parce qu'Adam et Eve ont désobéi à Dieu et que nous sommes leurs enfants, qu'avons-nous tous dans notre âme quand nous naissons ?

Parce qu'Adam et Eve ont désobéi à Dieu et que nous sommes leurs enfants, nous avons tous un péché dans notre âme quand nous naissons.

3. — Comment s'appelle ce péché ?

Ce péché s'appelle péché originel.

4. — Et parce que nous naissons avec le péché originel, devons-nous tous souffrir ?

Oui, parce que nous naissons avec le péché originel, nous devons tous souffrir sur la terre et mourir.

5. — Sommes-nous sujets à l'ignorance et inclinés au mal ?

Oui, nous sommes sujets à l'ignorance, inclinés au mal et aux choses deshonnêtes.

6. — Et si le Fils de Dieu ne s'était pas incarné, pourrions-nous aller au Ciel ?

Non, si le Fils de Dieu ne s'était pas incarné, nous ne pourrions pas aller au ciel.

CHAPITRE VIII

Du Mystère de l'Incarnation

1. — Qu'est-ce que le mystère de l'Incarnation ?

Le mystère de l'Incarnation est le mystère du Fils de Dieu fait homme.

2. — Comment le Fils de Dieu s'est-il fait homme ?

Le Fils de Dieu s'est fait homme en prenant un corps et une âme semblables aux nôtres.

3. — Quel jour le Fils de Dieu s'est-il fait homme ?

Le Fils de Dieu s'est fait homme le jour de l'Annonciation.

4. — Le Fils de Dieu a-t-il toujours été homme ?

Non, le Fils de Dieu n'a pas toujours été homme.

5. — Mais le Fils de Dieu a-t-il toujours été Dieu ?

Oui, le Fils de Dieu a toujours été Dieu.

6. — Le Fils de Dieu seul s'est-il fait homme ?

Oui, le Fils de Dieu seul, la seconde personne de la Sainte-Trinité, s'est fait homme.

7. — Pourquoi le Fils de Dieu s'est-il fait homme ?

Le Fils de Dieu s'est fait homme pour effacer en nous le péché originel et tous nos autres péchés, pour nous délivrer de l'enfer et nous mériter le ciel.

8. — Comment s'appelle le Fils de Dieu fait homme ?

Le Fils de Dieu fait homme s'appelle Jésus-Christ.

9. — Qu'est ce que Jésus-Christ ?

Jésus-Christ est le Fils de Dieu fait homme.

10. — Jésus-Christ est-il vrai Dieu ?

Oui, Jésus-Christ est vrai Dieu comme le Père et le Saint-Esprit.

11. — Jésus-Christ est-il vrai homme comme nous ?

Oui, Jésus-Christ est vrai homme comme nous, parce qu'il a, comme nous, un corps et une âme.

L'Annonciation.

12. — Jésus-Christ est donc Dieu et homme tout ensemble?

Oui, Jésus-Christ est Dieu et homme tout ensemble.

COMMENT LE CORPS ET L'AME DE JÉSUS-CHRIST ONT ÉTÉ FORMÉS

13. — Le Père de Jésus-Christ est-il un homme?

Non, le Père de Jésus-Christ n'est pas un homme.

14. — Quel est le Père de Jésus-Christ?

Le Père de Jésus-Christ est Dieu le Père, la première personne de la Sainte-Trinité.

15. — Quelle est la mère de Jésus-Christ?

La mère de Jésus-Christ est la Sainte Vierge Marie.

16. — Qui a formé le corps de Jésus-Christ?

C'est le Saint-Esprit qui, par un miracle, a formé le corps de Jésus-Christ dans le sein de Marie.

17. — Avec quoi a-t-il formé le corps de Jésus-Christ?

Il a formé le corps de Jésus-Christ avec la chair et le sang de cette bienheureuse Vierge.

18. — Et Marie est-elle toujours restée Vierge?

Oui, Marie est restée toujours Vierge.

19. — Marie est-elle la mère de Dieu?

Oui, Marie est la mère de Dieu, parce qu'elle est la mère de Jésus-Christ qui est Dieu.

MARIE ÉPOUSE DE SAINT JOSEPH

20. — De qui Marie était-elle l'épou~e ?

Marie était l'épouse d'un saint homme qui s'appelait Joseph.

21. — Qui était saint Joseph ?

Saint Joseph était l'époux de Marie et le père nourricier de Jésus.

22. — Mais était-il vraiment le père de Jésus-Christ ?

Non, il n'était pas vraiment le père de Jésus-Christ.

23. — Comment l'âme de Jésus-Christ a-t-elle été créée ?

L'âme de Jésus-Christ a été créée comme celle des autres hommes.

Mariage de saint Joseph.

CHAPITRE IX

Naissance et vie de Jésus-Christ

1. — Où Jésus-Christ est-il né ?

Jésus-Christ est né dans une étable à Bethléem, petite ville de Judée.

2. — Quel jour est-il né ?

Il est né le jour de Noël, 25 décembre à minuit.

3. — Quand Jésus-Christ fut né, que fit la sainte Vierge ?

Quand Jésus-Christ fut né, la Sainte Vierge l'enveloppa de langes et le coucha dans une crèche.

4. — Qui vint l'adorer ?

Des bergers vinrent aussitôt l'adorer.

5. — Qui arriva ensuite de l'Orient ?

Des Mages, conduits par une étoile, arrivèrent ensuite de l'Orient.

Naissance de Notre-Seigneur.

6. — Que lui offrirent-ils ?

Ils lui offrirent de l'or, de l'encens et de la myrrhe.

7. — Que voulait faire le roi Hérode ?

Le roi Hérode voulait tuer l'enfant Jésus.

8. — Mais où la sainte Vierge et saint Joseph l'emportèrent-ils ?

La Sainte Vierge et saint Joseph l'emportèrent en Égypte.

9. — Quand Hérode fut mort, où vinrent-ils ?

Quand Hérode fut mort, ils vinrent à Nazareth avec le Sauveur.

10. — Jusqu'à quel âge Jésus-Christ vécut-il à Nazareth ?

Jésus-Christ vécut à Nazareth jusqu'à l'âge de trente ans.

11. — Que faisait-il à Nazareth ?

Il obéissait à Marie, sa mère, et à saint Joseph, et il travaillait comme les ouvriers.

12. — Pourquoi travaillait-il ?

Il travaillait pour gagner sa vie et nous donner l'exemple du travail.

CHAPITRE X. — Vie de Jésus-Christ

§ I. — JÉSUS-CHRIST PRÊCHE L'ÉVANGILE

1. — A trente ans, qu'est-ce que Jésus-Christ commença à faire ?

A trente ans, Jésus-Christ commença à prêcher dans la Judée et la Galilée.

Jésus enseignant.

2. — Combien de temps prêcha-t-il ?

Il prêcha pendant trois ans.

3. — Quand il prêchait, que disait Jésus-Christ ?

Quand il prêchait, Jésus-Christ disait qu'il faut aimer Dieu de tout notre cœur et le prochain comme nous-même.

4. — Que disait-il encore ?

Il disait encore qu'il faut prier souvent, qu'il faut être pur, doux et humble, qu'il ne faut pas aimer les richesses, etc.

5. — Qui Jésus-Christ choisit-il pour prêcher après sa mort ?

Jésus-Christ choisit douze hommes pour prêcher, baptiser et administrer les sacrements après sa mort.

6. — Comment ces douze hommes furent-ils appelés ?

Ces douze hommes furent appelés apôtres.

7. — Quel était le chef des apôtres ?

Le chef des apôtres était saint Pierre.

§ II. — MIRACLES DE JÉSUS-CHRIST

8. — Jésus-Christ guérissait-il les malades ?

Oui, Jésus-Christ guérissait les malades et faisait beaucoup d'autres miracles.

9. — Que commandait-il aux sourds ?

Il commandait aux sourds d'entendre, et les sourds entendaient.

10. — Que commandait-il aux muets ?

Il commandait aux muets de parler, et les muets parlaient.

11. — Que commandait-il aux aveugles ?

Il commandait aux aveugles de voir, et les aveugles voyaient.

12. — Qu'ordonnait-il aux morts ?

Il ordonnait aux morts de ressusciter, et les morts ressuscitaient.

Changement de l'eau en vin.

13. — Pourquoi Jésus-Christ a-t-il fait beaucoup de miracles ?

Jésus-Christ a fait beaucoup de miracles pour montrer qu'il est infiniment bon et qu'il est Dieu.

CHAPITRE XI

Du mystère de la Rédemption

1. — Qu'est-ce que le mystère de la Rédemption ?

Le mystère de la Rédemption est le mystère des souffrances et de la mort que Jésus-Christ a voulu endurer pour nous racheter.

2. — Jésus-Christ a-t-il beaucoup souffert ?

Oui, Jésus-Christ a beaucoup souffert : son âme a été remplie d'une tristesse mortelle, il a été frappé de verges et couronné d'épines, et cloué à une croix sur le Calvaire.

3. — Comment Jésus-Christ est-il mort ?

Jésus-Christ est mort sur la croix, à l'âge de trente-trois ans environ.

4. — Qui l'a fait mourir ?

Ce sont les Juifs qui l'ont fait mourir.

5. — Et qui l'a condamné à mort ?

C'est Ponce-Pilate qui l'a condamné à mort.

6. — Quel jour est mort Jésus-Christ ?

Jésus-Christ est mort le vendredi-saint.

7. — Pourquoi Jésus-Christ a-t-il souffert et est-il mort ?

Jésus-Christ a souffert et il est mort, parce qu'il l'a voulu.

8. — Pourquoi Jésus-Christ a-t-il voulu souffrir et mourir ?

Jésus-Christ a voulu souffrir et mourir pour nous racheter, c'est-à-dire pour effacer nos péchés, nous délivrer de l'enfer et nous mériter le ciel.

9. — Pour qui Jésus-Christ a-t-il souffert et est-il mort ?

Jésus-Christ a souffert et il est mort pour tous les hommes.

CHAPITRE XII

Sépulture de Jésus-Christ. Sa Résurrection

1. — Après la mort de Jésus-Christ, où mit-on son corps ?

Après la mort de Jésus-Christ, on mit son corps dans un tombeau neuf.

Mort de Notre-Seigneur.

2. — Et où son âme descendit-elle ?

Son âme descendit dans les limbes.

3. — Que fit Jésus-Christ le troisième jour après sa mort ?

Le troisième jour après sa mort, Jésus-Christ ressuscita.

4. — Qu'est-ce que ressusciter ?

Ressusciter, c'est redevenir vivant.

5. — Jésus-Christ, après sa résurrection, resta-t-il dans le tombeau ?

Non, aussitôt après sa résurrection, Jésus-Christ sortit du tombeau.

6. — Qui a ressuscité Jésus-Christ ?

Jésus-Christ s'est ressuscité seul, parce qu'il est Dieu tout-puissant.

7. — Quel jour Jésus-Christ est-il ressuscité ?

Jésus-Christ est ressuscité le jour de Pâques.

Résurrection de Notre-Seigneur.

CHAPITRE XIII

Ascension de Jésus-Christ. — Descente du Saint-Esprit

1. — Combien de jours Jésus-Christ resta-t-il encore sur la terre après sa résurrection ?

Après sa résurrection, Jésus-Christ resta encore quarante jours sur la terre.

2. — Et, quarante jours après sa résurrection, où monta-t-il ?

Et, quarante jours après sa résurrection, il monta au ciel en présence de ses apôtres.

3. — Quel jour Jésus-Christ est-il monté au ciel ?

Jésus-Christ est monté au ciel le jour de l'Ascension.

4. — Pourquoi Jésus-Christ est-il monté au ciel ?

Jésus-Christ est monté au ciel, afin de nous y préparer une place, de prier pour nous Dieu son Père et de nous envoyer le Saint-Esprit.

L'Ascension de Notre-Seigneur.

DESCENTE DU SAINT-ESPRIT

5. — Quel jour Jésus-Christ a-t-il envoyé le Saint-Esprit aux apôtres ?

Jésus-Christ a envoyé le Saint-Esprit aux apôtres le jour de la Pentecôte, dix jours après l'Ascension.

6. — Où les apôtres allèrent-ils après la Pentecôte ?

Après la Pentecôte, les apôtres allèrent prêcher par toute la terre.

7. — Pourquoi Jésus-Christ a-t-il envoyé le Saint-Esprit aux apôtres et leur a-t-il ordonné d'aller prêcher ?

Jésus-Christ a envoyé le Saint-Esprit aux apôtres et leur a ordonné d'aller prêcher par toute la terre afin d'établir l'Eglise.

CHAPITRE XIV. — De l'Eglise

1. — Qu'est-ce que l'Eglise ?

L'Eglise est la société des fidèles qui obéissent au Pape et aux Evêques.

Le Saint-Esprit descend sur les Apôtres.

§ I. — DU PAPE

2. — Qu'est-ce que le Pape ?

Le Pape est l'évêque de Rome, le vicaire de Jésus-Christ, le successeur de saint Pierre et le chef visible de toute l'Eglise.

3. — Quel a été le premier Pape?

Le premier Pape a été saint Pierre.

4. — Où est-il mort?

Il est mort à Rome.

5. — Qui l'a choisi?

C'est Jésus-Christ qui l'a choisi.

6. — Peut-il y avoir plusieurs Papes?

Non, il ne peut y avoir qu'un Pape.

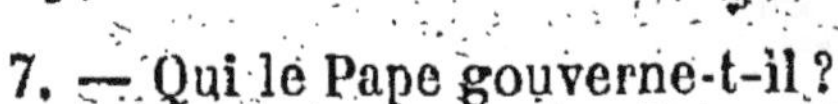

7. — Qui le Pape gouverne-t-il ?

Le Pape gouverne les fidèles et les Evêques, et tous doivent lui obéir.

8. — Le Pape peut-il se tromper ?

Non, quand le Pape enseigne les vérités de la religion à tous les chrétiens, il ne peut pas se tromper, parce que le Saint-Esprit l'assiste.

Statue de saint Pierre, à Rome.

9. — Et tous les chrétiens sont-ils obligés de croire ces vérités ?

Oui, tous les chrétiens sont obligés de croire ces vérités.

§ II. — DES ÉVÊQUES

10. — Qu'est-ce que les Evêques ?

Les Evêques sont les successeurs des apôtres et les chefs spirituels des diocèses.

11. — Quels ont été les premiers Evêques ?

Les premiers Evêques ont été les apôtres.

12. — N'y a-t-il qu'un Evêque ?

Non, il y a un grand nombre d'Evêques.

13. — Les Evêques gouvernent-ils toute l'Eglise ?

Non, les Evêques gouvernent seulement une partie de l'Eglise.

14. — Comment s'appelle la partie de l'Eglise que gouverne un Evêque ?

La partie de l'Eglise que gouverne un Evêque s'appelle diocèse.

15. — A qui doivent obéir les fidèles qui sont dans le diocèse de Belley ?

Les fidèles qui sont dans le diocèse de Belley doivent obéir à l'Evêque de Belley.

16. — A qui doivent obéir ceux qui sont dans le diocèse de Lyon ?

Ceux qui sont dans le diocèse de Lyon doivent obéir à l'Evêque de Lyon.

17. — Qui est-ce qui envoie les Evêques pour gouverner les diocèses ?

C'est le Pape qui envoie les Evêques pour gouverner les diocèses.

CHAPITRE XV

Des marques de l'Eglise. — Nécessité de lui appartenir

1. — Combien Jésus-Christ a-t-il établi d'Eglises ?

Jésus-Christ n'a établi qu'une seule Eglise.

2. — Combien l'Eglise de Jésus-Christ a-t-elle de marques ?

L'Eglise de Jésus-Christ a quatre marques : elle est Une, Sainte, Catholique et Apostolique.

3. Pourquoi est-elle appelée Romaine ?

Elle est appelée Romaine, parce que le Pape, son chef visible, est évêque de Rome.

Le Bienheureux Chanel prêche la religion aux Futuniens.

4. — Quand l'Eglise de Jésus-Christ nous enseigne, peut-elle se tromper ?

Non, quand l'Eglise de Jésus-Christ nous enseigne, elle ne peut ni se tromper ni nous tromper.

NÉCESSITÉ D'APPARTENIR A L'ÉGLISE

5. — Tous les hommes doivent-ils appartenir à l'Eglise de Jésus-Christ ?

Oui, tous les hommes doivent appartenir à l'Eglise de Jésus-Christ.

6. — Ceux qui n'appartiennent pas à l'Eglise de Jésus-Christ seront-ils sauvés ?

Ceux qui, par leur faute, n'appartiennent pas à l'Eglise de Jésus-Christ, ne seront pas sauvés.

7. — Pour appartenir à l'Eglise que faut-il ?

Pour appartenir à l'Eglise, il faut : 1° être baptisé, 2° croire toutes les vérités que le Pape et les Evêques enseignent, 3° obéir au Pape et aux Evêques.

8. — Quels sont ceux qui n'appartiennent pas à l'Eglise ?

Ceux qui n'appartiennent pas à l'Eglise sont les infidèles, les hérétiques, les schismatiques, les excommuniés et les apostats.

CHAPITRE XVI

De la mort et du jugement particulier

1. — Qu'est-ce que la mort ?

La mort est la séparation de l'âme et du corps.

2. — Après la mort, que devient notre corps ?

Après la mort, notre corps devient poussière.

3. — Et où va notre âme ?

Notre âme va aussitôt devant Dieu pour être jugée.

4. — Quel est ce jugement ?

C'est le jugement particulier.

5. — Où l'âme va-t-elle après ce jugement ?

Après ce jugement, l'âme va au ciel, ou en purgatoire, ou en enfer.

La mort du juste.

6. — Où vont les âmes qui n'ont point de péché ?

Les âmes qui n'ont point de péché et qui ont fini de faire pénitence vont immédiatement au ciel.

7. — Où vont les âmes qui ont quelque péché véniel ?

Les âmes qui ont quelque péché véniel ou qui n'ont pas fini de faire pénitence vont en purgatoire.

8. — Où vont les âmes qui ont un ou plusieurs péchés mortels ?

Les âmes qui ont un ou plusieurs péchés mortels vont en enfer.

DU CIEL

9. — Qu'est-ce que le ciel ?

Le ciel est un lieu où les saints voient Dieu, l'aiment et seront parfaitement heureux toute l'éternité.

Le ciel.

DE L'ENFER

10. — Qu'est-ce que l'enfer ?

L'enfer est un lieu où les damnés ne voient pas Dieu et où ils souffriront éternellement dans le feu avec les démons.

11. — Qui appelle-t-on damnés ?

On appelle damnés ceux qui sont en enfer.

12. — Pouvons-nous soulager les damnés ?

Non, nous ne pouvons pas soulager les damnés ni les délivrer.

DU PURGATOIRE

13. — Qu'est-ce que le purgatoire ?

Le purgatoire est un lieu où les âmes des justes souffrent pour finir d'expier leurs péchés avant d'entrer dans le ciel.

L'enfer.

14. — Les âmes du purgatoire voient-elles Dieu ?

Non, les âmes du purgatoire ne voient pas Dieu.

15. — Leurs peines sont-elles grandes ?

Oui, leurs peines sont très grandes.

16. — Pouvons-nous soulager les âmes du Purgatoire ?

Oui, nous pouvons soulager et délivrer les âmes du Purgatoire.

17. — Afin de les soulager que faut-il faire ?

Afin de les soulager, il faut prier, jeûner, faire l'aumône et gagner des indulgences pour elles.

18. — Que faut-il faire surtout ?

Il faut surtout assister à la messe ou la faire dire à leur intention.

Le purgatoire.

CHAPITRE XVII

De la fin du monde. — De la résurrection générale. — Du jugement général

1. — Maintenant y a-t-il beaucoup d'hommes vivants sur la terre ?

Oui, il y a maintenant beaucoup d'hommes vivants sur la terre.

2. — Mais y aura-t-il un jour où tous seront morts ?

Oui, il y aura un jour où tous seront morts : ce sera la fin du monde.

DE LA RÉSURRECTION GÉNÉRALE

3. — Quand tous les hommes seront morts, que fera Jésus-Christ ?

Quand tous les hommes seront morts, Jésus-Christ reviendra sur la terre.

4. — Qui l'accompagnera ?

Les Anges l'accompagneront.

5. — Sera-t-il bien brillant ?

Oui, il sera plus brillant que le soleil.

6. — Que fera-t-il ?

Il commandera et tous les hommes ressusciteront.

7. — Les hommes sortiront-ils du tombeau ?

Oui, les hommes sortiront du tombeau avec les mêmes corps qu'ils avaient eus sur la terre.

8. — Comment seront les corps des bons ?

Les corps des bons seront glorieux comme celui de Jésus-Christ.

9. — Comment seront les corps des méchants ?

Les corps des méchants seront horribles.

DU JUGEMENT GÉNÉRAL

10. — Après la résurrection que feront les Anges ?

Après la résurrection, les Anges rassembleront les bons et les méchants.

11. — Que fera Jésus-Christ ?

Jésus-Christ les jugera.

12. — Quel sera ce jugement ?

Ce sera le jugement général.

La résurrection générale.

13. — Après ce jugement où Jésus-Christ enverra-t-il les méchants ?

Après ce jugement, Jésus-Christ enverra les méchants avec leurs corps et leurs âmes en enfer.

14. — Et où enverra-t-il les bons ?

Il enverra les bons avec leurs corps et leurs âmes dans le ciel.

Le jugement dernier.

DEUXIÈME PARTIE

Des Commandements de Dieu et de l'Eglise, et du Péché

CHAPITRE Ier

Des Commandements de Dieu en général

1. — Qu'est-ce que nous sauver ?

Nous sauver, c'est aller au ciel et éviter le péché.

2. — Que faut-il faire pour nous sauver ?

Pour nous sauver, il faut obéir aux commandements de Dieu et de l'Eglise, pratiquer la vertu et éviter le péché.

Moïse recevant les tables de la loi.

3. — Combien y a-t-il de commandements de Dieu ?

Il y a dix commandements de Dieu.

4. — Récitez-les.

1° Tu adoreras un seul Dieu et tu l'aimeras parfaitement ;

2° Tu ne jureras pas en vain le saint nom de Dieu ;

3° Tu sanctifieras le dimanche ;

4° Tu honoreras ton père et ta mère pour vivre longuement ;

5° Tu ne tueras pas et tu ne désireras pas tuer ;

6° Tu ne feras pas des choses impures ;

7° Tu ne voleras pas ;

8° Tu ne mentiras pas et tu ne feras pas de faux témoignage ;

9° Tu ne désireras pas faire des choses impures ;

10° Tu ne désireras pas injustement le bien d'autrui.

CHAPITRE II

1er Commandement de Dieu

1. — Récitez le premier commandement de Dieu.

Tu adoreras un seul Dieu et tu l'aimeras parfaitement.

2. — Qu'est-ce que Dieu nous ordonne par le premier commandement ?

Par le premier commandement, Dieu nous ordonne : 1° de l'adorer ; 2° de n'adorer que lui seul ; 3° de l'aimer de tout notre cœur et par-dessus tout.

3. — Qu'est-ce qu'adorer Dieu ?

Adorer Dieu, c'est reconnaître qu'il est infiniment parfait, créateur et souverain maître de toutes choses, et nous soumettre à lui.

4. — Pourquoi devons-nous adorer Dieu seul?

Nous devons adorer Dieu seul, parce qu'il est seul infiniment parfait, créateur et souverain maître de toutes choses.

5. — Faites un acte d'adoration.

Mon Dieu, je reconnais que vous êtes infiniment parfait, créateur et souverain maître de toutes choses, et je me soumets entièrement à vous.

6. — Quand faut-il adorer Dieu?

Il faut adorer Dieu le matin et le soir, et souvent dans le jour.

7. — Qu'est-ce que aimer Dieu de tout notre cœur et par-dessus tout?

Aimer Dieu de tout notre cœur et par-dessus tout, c'est l'aimer plus que les richesses, plus que nos parents, plus que toutes choses.

La prière en famille.

8. — Qu'est-ce que Dieu nous défend par le premier commandement ?

Par le premier Commandement, Dieu nous défend principalement l'idolâtrie, le sacrilège et la superstition.

9. — Qu'est-ce que faire un sacrilège ?

Faire un sacrilège, c'est profaner une chose sainte ou consacrée à Dieu.

CHAPITRE III

1er Commandement de Dieu *(Suite)*.

DES SAINTS

1. — Devons-nous honorer la Sainte Vierge, les Anges et les Saints ?

Oui, nous devons honorer la Sainte Vierge, les Anges et les Saints, parce qu'ils sont les amis de Dieu.

2. — Mais est-il permis d'adorer la Sainte Vierge, les Anges et les Saints ?

Non, il n'est pas permis d'adorer la Sainte

La dévotion à la Sainte Vierge.

Vierge, les Anges et les Saints, parce qu'ils ne sont pas Dieu.

3. — La Sainte Vierge, les Anges et les Saints peuvent-ils demander des grâces pour nous ?

Oui, la Sainte Vierge, les Anges et les Saints peuvent demander des grâces pour nous et les obtenir.

4. — Devons-nous les prier ?

Oui, nous devons les prier.

RELIQUES DES SAINTS

5. — Qu'est-ce que les reliques des saints ?

Les reliques des Saints sont les corps que les Saints ont laissés sur la terre en mourant.

6. — Qu'appelle-t-on encore reliques des saints ?

On appelle encore reliques des Saints les vêtements et quelques-uns des objets qui leur ont servi.

Châsse renfermant les ossements de la B⁸ᵉ Marguerite-Marie.

7. — Devons-nous honorer les reliques des saints?

Oui, nous devons honorer les reliques des Saints.

DES SAINTES IMAGES

8. — Devons-nous aussi honorer les croix et les images de Jésus-Christ et des saints?

Oui, nous devons aussi honorer les croix et les images de Jésus-Christ et des Saints.

9. — Quand nous honorons les croix, qui adorons-nous?

Quand nous honorons les croix, c'est Jésus-Christ que nous adorons.

10. — Adorons-nous le bois ou le fer avec lesquels on a fait la croix?

Non, nous n'adorons pas le bois ou le fer avec lesquels on a fait la croix.

11. — Quand nous honorons les images des saints, qui honorons-nous?

Quand nous honorons les images des Saints, ce sont les Saints que nous honorons.

12. — De même, quand nous prions devant les images des saints, qui prions-nous?

De même, quand nous prions devant les images des Saints, ce sont les Saints que nous prions.

13. — Mais prions-nous les images?

Non, nous ne prions pas les images.

14. — Les images peuvent-elles nous voir?

Non, les images ne peuvent ni nous voir, ni nous entendre, ni rien demander pour nous.

CHAPITRE IV

2ᵉ Commandement de Dieu

1. — Récitez le deuxième commandement de Dieu.

Tu ne jureras pas en vain le saint nom de Dieu.

2. — Qu'est-ce que Dieu nous défend par le deuxième commandement ?

Par le deuxième Commandement, Dieu nous défend de faire des serments coupables, de blasphémer, de profaner son saint nom et de faire des imprécations.

3. — Qu'est-ce que blasphémer ?

Blasphémer, c'est dire ou penser des choses injurieuses contre Dieu, contre la religion ou contre les Saints.

4. — Qu'est-ce que faire des imprécations ?

Faire des imprécations, c'est souhaiter du mal par colère, à soi-même, au prochain ou aux autres créatures.

3ᵉ Commandement de Dieu

5. — Récitez le troisième commandement de Dieu.

Tu sanctifieras le dimanche.

6. — Qu'est-ce que Dieu nous ordonne par le troisième commandement ?

Par le troisième Commandement, Dieu nous ordonne de sanctifier le dimanche.

7. — Pour sanctifier le dimanche que faut-il ?

Pour sanctifier le dimanche, il faut : 1º ne pas faire des œuvres serviles ; 2º assister dévotement à la messe.

8. — Nommez des œuvres serviles.

Coudre, repasser, labourer, semer, etc , sont des œuvres serviles.

9. — Quel péché commet celui qui fait des œuvres serviles le dimanche ?

Celui qui fait longtemps des œuvres serviles le dimanche, sans nécessité, commet un péché mortel.

10. — Qu'est-ce qu'assister dévotement à la Messe ?

Assister dévotement à la messe, c'est y assister en priant avec attention.

11. — Qu'est-ce que l'Eglise désire que nous fassions le soir du dimanche ?

L'Eglise désire que, le soir du dimanche, nous assistions aux vêpres.

La sanctification du Dimanche.

CHAPITRE V

4ᵉ Commandement de Dieu

1. — Récitez le quatrième commandement de Dieu.

Tu honoreras ton père et ta mère pour vivre longuement.

2. — Qu'est-ce que Dieu ordonne aux enfants par le quatrième Commandement?

Par le quatrième Commandement, Dieu ordonne aux enfants d'aimer leur père et leur mère, de les honorer, de leur obéir et de les assister.

3. — Qu'ordonne-t-il à tous les hommes?

Il ordonne à tous les hommes de respecter leurs supérieurs et de leur obéir.

4. — Quels sont nos supérieurs?

Nos supérieurs sont le Pape, notre Evêque, ceux qui nous gouvernent et tous nos maîtres.

L'obéissance.

5e Commandement de Dieu

5. — Récitez le cinquième Commandement de Dieu.

Tu ne tueras pas et tu ne désireras pas tuer.

6. — Qu'est ce que Dieu nous défend par le cinquième Commandement ?

Par le cinquième Commandement, Dieu nous défend de tuer injustement les autres, de nous tuer nous-mêmes ou de désirer nous tuer.

7. — Que nous défend-il encore ?

Il nous défend encore de haïr le prochain, de l'injurier, de le frapper, de le blesser, de lui faire de la peine et de nous venger.

8. — Que nous défend-il enfin ?

Il nous défend enfin de donner du scandale.

9. — Qu'est-ce que donner du scandale au prochain ?

Donner du scandale au prochain, c'est l'exciter à pécher, par nos mauvaises paroles, nos mauvais conseils ou nos mauvais exemples.

Mort d'Abel.

CHAPITRE VI.

6ᵉ Commandement de Dieu

1. — Récitez le sixième Commandement de Dieu.

Tu ne feras pas des choses impures.

2. — Qu'est-ce que Dieu nous défend par le sixième Commandement ?

Par le sixième Commandement, Dieu nous défend de faire des actions impures, de dire des paroles déshonnêtes et de regarder des choses indécentes.

3. — Nous défend-il aussi d'aller à des danses, à des spectacles immodestes ?

Oui, il nous défend aussi d'aller à des danses, à des spectacles immodestes et de lire de mauvais livres.

4. — Que faut-il faire pour éviter les péchés d'impureté?

Pour éviter les péchés d'impureté, il faut aimer le travail et l'humilité, se confesser et communier souvent, prier la Sainte Vierge et fuir les mauvaises compagnies.

7e Commandement de Dieu

5. — Récitez le septième Commandement de Dieu.

Tu ne voleras pas.

6. — Qu'est-ce que Dieu nous défend par le septième Commandement?

Par le septième Commandement, Dieu nous défend de voler, de garder des choses volées ou trouvées et de faire tort au prochain.

7. — Nous défend il aussi d'aider les autres à voler?

Oui, il nous défend aussi d'aider les autres à voler et à faire tort au prochain ou de le leur conseiller.

8. — Qu'est ce que Dieu nous ordonne par le septième Commandement?

Par le septième commandement, Dieu nous ordonne de rendre au prochain le bien que nous avons volé ou trouvé, et de payer ce que nous devons.

9. — Que nous ordonne-t-il encore?

Il nous ordonne encore de payer au prochain le bien que nous lui avons fait perdre injustement.

CHAPITRE VII

8e Commandement de Dieu

1. — Récitez le huitième Commandement de Dieu.

Tu ne mentiras pas et tu ne feras pas de faux témoignages.

2. — Qu'est-ce que Dieu nous défend par le huitième Commandement ?

Par le huitième Commandement, Dieu nous défend de mentir, de faire de faux témoignages et des jugements téméraires.

3. — Dieu nous défend-il aussi par le huitième Commandement de calomnier et de médire ?

Oui, Dieu nous défend aussi par le huitième Commandement de calomnier et de médire.

Ananie et Zaphyre frappés de mort devant saint Pierre.

4. — Qu'est-ce que calomnier ?

Calomnier, c'est dire du prochain du mal qui n'est pas vrai.

5. — Qu'est-ce que médire ?

Médire, c'est dire du prochain, sans nécessité, du mal qui est vrai et qui n'est pas connu.

9e Commandement de Dieu

6. — Récitez le neuvième Commandement de Dieu.

Tu ne désireras pas faire des actions impures.

7. — Qu'est-ce que Dieu nous défend par le neuvième Commandement ?

Par le neuvième Commandement, Dieu nous défend : 1º de désirer faire des indécences ; 2º de penser volontairement et avec plaisir à des choses indécentes.

10e Commandement de Dieu

8. — Récitez le dixième Commandement de Dieu.

Tu ne désireras pas injustement le bien du prochain.

9. — Qu'est-ce que Dieu nous défend par le dixième Commandement ?

Par le dixième Commandement, Dieu nous défend : 1º de désirer voler ; 2º de désirer garder injustement le bien de notre prochain.

CHAPITRE VIII

Des Commandements de l'Eglise

1. — Sommes-nous obligés d'obéir aux Commandements de l'Eglise ?

Oui, nous sommes obligés d'obéir aux Commandements de l'Eglise, c'est-à-dire aux commandements du Pape et des Evêques.

2. — Qui est ce qui nous l'ordonne ?

C'est Jésus-Christ qui nous l'ordonne.

3. — Combien y a-t-il de Commandements de l'Eglise ?

Il y a six Commandements de l'Eglise.

4. — Récitez-les.

1º Tu sanctifieras les Fêtes d'obligation ;
2º Tu iras à la messe le dimanche et les fêtes ;
3º Tu confesseras tes péchés au moins une fois chaque année ;

4º Tu communieras au moins à Pâques ;

5º Tu jeûneras les Quatre-Temps, le Carême, et la veille des grandes Fêtes ;

6º Tu ne mangeras pas de viande le vendredi ni le samedi.

CHAPITRE IX

1er Commandement de l'Eglise

1. — Récitez le premier Commandement de l'Eglise.

Tu sanctifieras les Fêtes d'obligation.

2. — Qu'est-ce que l'Eglise nous ordonne par le premier Commandement ?

Par le premier Commandement, l'Eglise nous ordonne de sanctifier certaines Fêtes.

3. — En France, quelles sont ces Fêtes ?

Ces Fêtes sont, en France, Noël, l'Ascension, l'Assomption et la Toussaint.

4. — Pourquoi les appelle-t-on Fêtes d'obligation?

On les appelle Fêtes d'obligation, parce que nous sommes obligés de les sanctifier.

5. — Comment faut-il les sanctifier ?

Il faut les sanctifier comme le dimanche.

2e Commandement de l'Eglise

6. — Récitez le deuxième Commandement de l'Eglise.

Tu iras à la messe les dimanches et les Fêtes.

7. — Qu'est-ce que l'Eglise nous ordonne par le deuxième Commandement?

Par le deuxième Commandement, l'Eglise nous ordonne d'assister à la messe tous les dimanches et toutes les Fêtes d'obligation.

CHAPITRE X

3e Commandement de l'Eglise

1. — Récitez le troisième Commandement de l'Eglise.

Tu confesseras tes péchés au moins une fois chaque année.

2. — Qu'est-ce que l'Eglise nous ordonne par le troisième Commandement?

Par le troisième Commandement, l'Eglise nous ordonne de nous bien confesser, au moins une fois chaque année.

3. — A quel âge les enfants sont-ils obligés de se confesser?

Les enfants sont obligés de se confesser, aussitôt qu'ils ont l'âge de raison.

4. — Devrons-nous nous confesser quand nous serons en danger de mort?

Oui, nous devrons nous confesser quand nous serons en danger de mort, afin de mourir saintement.

4ᵉ Commandement de l'Eglise

5. — Récitez le quatrième Commandement de l'Eglise.

Tu communieras au moins à Pâques.

6. — Qu'est-ce que l'Eglise nous ordonne par le quatrième Commandement?

Par le quatrième Commandement, l'Eglise nous ordonne de bien communier, au moins une fois chaque année, au temps de Pâques.

7. — Où devons-nous faire la Communion pascale?

Nous devons faire la Communion pascale dans l'église de notre paroisse.

Saint Louis, en se confessant, tombe évanoui aux pieds du prêtre.

8. — Pouvons-nous la faire ailleurs ?

Oui, nous pouvons la faire ailleurs, si notre curé nous le permet.

9. — Quand commençons-nous à être obligés de communier ?

Nous commençons à être obligés de communier, aussitôt que nous pouvons connaître le sacrement de l'Eucharistie et nous préparer à le bien recevoir.

10. — Devrons-nous communier quand nous serons en danger de mort ?

Oui, nous devrons communier quand nous serons en danger de mort, pour mourir saintement.

La communion pascale.

CHAPITRE XI

5ᵉ Commandement de l'Eglise

1. — Récitez le cinquième Commandement de l'Eglise.

Tu jeûneras les Quatre-Temps, le Carême et la veille des grandes Fêtes.

2. — Qu'est-ce que l'Eglise nous ordonne par le cinquième Commandement ?

Par le cinquième Commandement, l'Eglise nous ordonne de jeûner : 1º tous les jours du Carême, excepté le dimanche ; 2º la veille de plusieurs grandes Fêtes ; 3º les jours de Quatre-Temps.

3. — Que faut-il faire pour jeûner ?

Pour jeûner, il faut : 1º ne faire qu'un seul repas vers midi ; 2º le soir ne prendre qu'un peu de nourriture.

4. — Quand commençons-nous à être obligés de jeûner ?

Nous commençons à être obligés de jeûner à l'âge de vingt et un ans.

5. — Qu'est-il défendu de manger les jours de jeûne ?

Les jours de jeûne, il est défendu à tous les fidèles, sans exception, de manger des aliments gras.

6. — Cependant le Pape permet-il quelquefois d'en manger ?

Oui, le Pape permet quelquefois d'en manger plusieurs jours du Carême.

6e Commandement de l'Eglise

7. — Récitez le sixième Commandement de l'Eglise.

Tu ne mangeras pas de la viande le vendredi et le samedi.

8. — Qu'est-ce que l'Eglise nous défend par le sixième Commandement ?

Par le sixième Commandement, l'Eglise nous défend de manger des aliments gras les vendredis et les samedis.

9. — Cependant, le Pape permet-il de manger des aliments gras le samedi ?

Oui, le Pape permet, depuis quelques années, de manger des aliments gras tous les samedis, excepté les samedis du Carême et des Quatre-Temps.

Le vieillard Eléazar refuse de manger de la viande immolée aux idoles.

La mort du pécheur.

CHAPITRE XII. — **Du Péché**

1. — Qu'est-ce que le péché?

Le péché est une désobéissance aux commandements de Dieu ou de l'Eglise.

2. — Combien y a-t-il de sortes de péchés?

Il y a deux sortes de péchés : le péché originel et le péché actuel.

3. — Qu'est-ce que le péché originel?

Le péché originel est une tache qui nous rend ennemis de Dieu et que nous avons tous dans notre âme en naissant, parce qu'Adam, notre premier père, a désobéi.

4. — Qu'est-ce que le péché actuel?

Le péché actuel est le péché que nous commettons nous-mêmes.

5. — Combien y a-t-il de péchés actuels?

Il y a deux sortes de péchés actuels : le péché mortel et le péché véniel.

6. — Qu'est-ce que le péché mortel ?

Le péché mortel est une désobéissance grave et volontaire aux commandements de Dieu ou de l'Eglise.

7. — Qu'est-ce que le péché véniel ?

Le péché véniel est une désobéissance légère ou demi-volontaire aux commandements de Dieu ou de l'Eglise.

8. — Quels sont les effets du péché mortel ?

Le péché mortel nous fait perdre la grâce sanctifiante, nous rend ennemis de Dieu et mérite l'enfer.

9. — Quels sont les effets du péché véniel ?

Le péché véniel affaiblit en nous la vie de la grâce, nous incline au péché mortel, et Dieu nous punira dans le purgatoire si nous n'en faisons pas pénitence sur la terre.

CHAPITRE XIII. — Des Péchés capitaux

1. — Combien y a-t-il de péchés capitaux ?

Il y a sept péchés capitaux : l'orgueil, l'avarice, la luxure, l'envie, la gourmandise, la colère et la paresse.

2. — Qu'est-ce qu'être orgueilleux ?

Etre orgueilleux, c'est nous croire meilleurs et plus excellents que nous ne sommes.

3. — Qu'est-ce qu'être avare ?

Etre avare, c'est aimer trop l'argent et les autres biens de la terre.

4. — Qu'est-ce que commettre un péché de luxure?

Commettre un péché de luxure, c'est faire ou désirer faire quelque indécence ou penser volontairement et avec plaisir à des choses déshonnêtes.

5. — Qu'est-ce qu'être envieux?

Etre envieux, c'est être triste, parce que les autres sont heureux.

6. — Qu'est-ce qu'être gourmand?

Etre gourmand, c'est manger ou boire trop, ou aimer trop à manger ou à boire.

7. — Qu'est-ce qu'être colère?

Etre colère, c'est repousser avec violence ce qui nous déplaît.

8. — Qu'est-ce qu'être paresseux?

Etre paresseux, c'est négliger nos devoirs, parce qu'ils sont pénibles ou difficiles.

Lazare et le mauvais riche.

TROISIÈME PARTIE

De la Grâce. — Des Vertus
De la Prière et des Sacrements

~~~~~~

CHAPITRE Ier

De la Grâce

1. — Sans la grâce, pouvons-nous nous sauver ?

Non, sans la grâce nous ne pouvons pas nous sauver.

2. — Qu'est-ce que la grâce ?

La grâce est un don surnaturel que Dieu nous accorde pour que nous puissions nous sauver.

3. — Qui est ce qui nous a mérité la grâce ?

C'est Jésus-Christ qui nous a mérité la grâce.

4. — Qu'a fait Jésus-Christ pour nous mériter la grâce ?

Pour nous mériter la grâce, Jésus-Christ a souffert et est mort sur la croix.

Le Crucifiement de Notre-Seigneur.
~~~~~~

5. — Qui nous accorde la grâce ?

Dieu seul nous accorde la grâce.

6. — Les saints peuvent-ils nous la donner ?

Non, ni les saints, ni les anges, ni la sainte Vierge ne peuvent nous la donner.

7. — Mais peuvent-ils la demander pour nous ?

Oui, ils peuvent la demander pour nous et l'obtenir.

CHAPITRE II. — De la grâce habituelle et de la grâce actuelle

1. — Combien y a-t-il de sortes de grâces ?

Il y a deux sortes de grâces : la grâce habituelle ou sanctifiante et la grâce actuelle.

Les Vierges sages et les Vierges folles.

§ I. — DE LA GRÂCE HABITUELLE OU SANCTIFIANTE

2. — Qu'est-ce que la grâce habituelle ?

La grâce habituelle ou sanctifiante est un don surnaturel qui demeure dans l'âme, nous rend justes, saints, enfants de Dieu et capables de mériter le ciel par nos bonnes œuvres.

3. — Quels sont ceux qui perdent la grâce sanctifiante ?

Ceux qui font même un seul péché mortel perdent aussitôt la grâce sanctifiante.

§ II. — DE LA GRÂCE ACTUELLE

4. — Qu'est-ce que la grâce actuelle ?

La grâce actuelle est un secours surnaturel que Dieu nous donne pour éviter le mal et faire le bien.

5. — A qui la grâce actuelle est-elle nécessaire ?

La grâce actuelle est nécessaire à tous les hommes.

6. — Sans elle peuvent-ils se convertir ?

Non, sans elle, ils ne peuvent ni se convertir, ni éviter longtemps le péché, ni faire les actes de vertu qui méritent le ciel.

7. — A qui Dieu donne-t-il la grâce ?

Dieu donne la grâce à tous les hommes.

8. — Et s'ils obéissent à la grâce, peuvent-ils toujours éviter le mal et faire le bien ?

Oui, s'ils obéissent à la grâce, ils peuvent toujours éviter le mal et faire le bien.

9. — Quand on résiste souvent à la grâce, que fait Dieu ?

Quand on résiste souvent à la grâce, Dieu, d'ordinaire, en donne moins, et il devient difficile de se sauver.

10. — Comment reçoit-on ordinairement la grâce ?

On reçoit ordinairement la grâce actuelle en priant, et la grâce sanctifiante en recevant les sacrements ou en faisant des actes de charité.

CHAPITRE III. — De la Vertu

1. — Qu'est-ce que la vertu ?

La vertu est une bonne qualité de l'âme qui nous donne la facilité de faire le bien.

2. — Quelles sont les principales vertus chrétiennes ?

Les principales vertus chrétiennes sont les vertus théologales.

3. — Combien y en a-t-il ?

Il y en a trois : la foi, l'espérance et la charité.

Jésus et la Samaritaine.

4. — Quand recevons-nous les vertus chrétiennes ?

Nous recevons les vertus chrétiennes quand nous recevons la grâce sanctifiante.

5. — Comment les augmentons-nous ?

Nous les augmentons en augmentant la grâce sanctifiante.

6. — Mais pouvons-nous les perdre ?

Oui, nous pouvons aussi les perdre par nos péchés.

CHAPITRE IV. — De la Foi

1. — Quelle est la première vertu théologale ?

La première vertu théologale est la foi.

Les trois vertus théologales.

2. — Qu'est-ce
que la Foi?

La foi est une
vertu surnatu-
relle, qui nous
fait croire fer-
mement toutes
les vérités que
Dieu a révélées
et que l'Eglise
enseigne.

3. — Pourquoi
devons-nous croire
fermement les véri-
tés que Dieu a révélées ?

Nous devons croire
fermement les vérités que Dieu
a révélées, parce qu'il ne peut se
tromper ni nous tromper.

4. — Qui est-ce qui nous enseigne les
vérités que Dieu a révélées ?

C'est l'Eglise qui nous enseigne
les vérités que Dieu a révélées.

5. — Quand l'Eglise nous enseigne ces vérités,
peut-elle se tromper ?

Non, quand l'Eglise nous enseigne
ces vérités, elle ne peut pas se tromper, parce
que le Saint-Esprit l'assiste.

6. — Quel péché ferait celui qui douterait d'une seule
des vérités que Dieu a révélées ?

Celui qui douterait d'une seule des vérités
que Dieu a révélées et que l'Eglise enseigne
ferait un péché mortel.

Apparition de Jésus à saint Thomas.

7. — Et aurait-il encore la Foi?

Non, il n'aurait plus la foi.

8. — Faites un acte de Foi.

Mon Dieu, je crois fermement toutes les vérités que l'Eglise enseigne, parce que c'est vous-même qui les avez révélées et que vous ne pouvez ni vous tromper ni nous tromper.

CHAPITRE V. — De l'Espérance

1. — Quelle est la deuxième vertu théologale?

La deuxième vertu théologale est l'espérance.

2. — Qu'est-ce que l'espérance?

L'espérance est une vertu surnaturelle, qui nous fait attendre avec confiance la grâce de Dieu pendant cette vie et le ciel après notre mort.

3. — Pourquoi devons-nous espérer avec confiance la grâce de Dieu en cette vie et le ciel après notre mort?

Nous devons espérer avec confiance la grâce de Dieu en cette vie et le ciel après notre mort, parce que Dieu est très bon pour nous et qu'il nous les a promis.

4. — Pourquoi Dieu nous a-t-il promis sa grâce et le ciel?

Dieu nous a promis sa grâce et le ciel, parce que Jésus-Christ nous les a mérités en souffrant et en mourant pour nous.

5. — Faites un acte d'espérance.

Mon Dieu, j'espère avec confiance qu'à cause

des mérites de Jésus-Christ, vous me donnerez votre grâce pendant la vie et le ciel après ma mort, parce que vous me l'avez promis et que vous êtes souverainement bon pour moi.

6. — Si nous n'avions pas la vertu d'espérance, pourrions-nous nous sauver?

Non, si nous n'avions pas la vertu d'espérance, nous ne pourrions pas nous sauver.

CHAPITRE VI. — De la Charité

1. — Quelle est la troisième vertu théologale?

La troisième vertu théologale est la charité.

2. — Qu'est-ce que la charité?

La charité est une vertu surnaturelle, qui nous fait aimer Dieu de tout notre cœur et par-dessus tout, et le prochain comme nous-mêmes pour plaire à Dieu.

La tempête apaisée.

DE LA CHARITÉ ENVERS DIEU

3. — Pourquoi devons-nous aimer Dieu de tout notre cœur et par-dessus tout ?

Nous devons aimer Dieu de tout notre cœur et par-dessus tout, parce qu'il est infiniment plus parfait que toutes les créatures.

4. — Comment pouvons-nous connaître que nous aimons Dieu par-dessus tout ?

Nous pouvons connaître que nous aimons Dieu par-dessus tout, si nous obéissons fidèlement à ses commandements et à ceux de l'Église.

DE LA CHARITÉ ENVERS LE PROCHAIN

5. — Comment devons-nous aimer le prochain ?

Nous devons aimer le prochain comme nous-mêmes et pour plaire à Dieu.

Martyre du Bienheureux Chanel.

Le B. Chanel fait l'aumône aux pauvres.

6. — Qu'est-ce que le prochain ?

Le prochain, ce sont tous les hommes sans exception.

7. — Qu'est-ce qu'aimer le prochain comme nous mêmes ?

Aimer le prochain comme nous-mêmes, c'est l'aider et lui désirer tous les biens que nous désirons pour nous.

8. — Qu'est-ce qu'aimer le prochain pour plaire à Dieu ?

Aimer le prochain pour plaire à Dieu, c'est l'aimer parce que Dieu nous l'ordonne et l'aimer pour lui aider à mériter le ciel.

9. — Faites un acte de charité.

Mon Dieu, je vous aime de tout mon cœur et par-dessus tout, parce que vous êtes infiniment bon et infiniment aimable ; j'aime aussi mon prochain comme moi-même pour vous plaire.

10. — Quand sommes-nous obligés de faire des actes de foi, d'espérance et de charité ?

Nous sommes obligés de faire des actes de foi, d'espérance et de charité, aussitôt que nous avons l'âge de raison, à l'heure de la mort et souvent pendant la vie.

CHAPITRE VII. — De la Prière

1. — Qu'est-ce que prier ?

Prier, c'est penser à Dieu pour l'adorer, le remercier, lui demander ses grâces et le pardon de nos péchés.

§ I. — DEUX MANIÈRES DE PRIER

2. — De combien de manières peut on prier ?

On peut prier de deux manières : mentalement et vocalement.

La Bse Marguerite-Marie fait sa belle prière au crucifix.

3. — Quand prie-t-on mentalement ?

On prie *mentalement*, quand l'âme seule prie sans employer des paroles ou des signes.

4. — Quand prie-t-on vocalement ?

On prie *vocalement*, quand on prie en se servant de signes ou de paroles.

§ II. — OBLIGATION DE PRIER

5. — Sommes-nous obligés de prier ?

Oui, nous sommes obligés de prier, parce que Dieu nous le commande et que nous avons toujours besoin de son secours.

6. — Quand devons-nous prier ?

Nous devons prier souvent, mais surtout le matin, le soir, les dimanches et fêtes et quand nous sommes tentés d'offenser Dieu.

7. — Pour qui devons-nous prier ?

Nous devons prier pour tous les hommes, principalement pour nous, pour nos parents, nos supérieurs, nos bienfaiteurs et amis.

§ III. — QUALITÉS DE LA PRIÈRE

8. — Comment devons-nous prier ?

Nous devons prier avec attention, humilité, confiance, persévérance et au nom de Jésus-Christ.

§ IV. — CE QUE NOUS DEVONS DEMANDER A DIEU

9. — Que devons-nous demander à Dieu dans nos prières ?

Dans nos prières, nous devons demander à Dieu la grâce de l'aimer, de pratiquer la vertu et d'éviter le péché.

10. — Pouvons-nous aussi lui demander la santé et les autres biens de ce monde?

Oui, nous pouvons aussi lui demander la santé et les autres biens de ce monde, mais seulement pour le mieux servir et pour nous sauver.

§ V. — DE L'ORAISON DOMINICALE ET DE LA SALUTATION ANGÉLIQUE

11. — Quelle est la meilleure de toutes les prières?

La meilleure de toutes les prières est l'oraison dominicale.

12. — Qui nous l'a enseignée?

C'est Jésus-Christ qui nous l'a enseignée.

13. — Récitez-la.

Notre Père qui êtes aux cieux, etc.

14. — Comment s'appelle la plus belle prière que nous faisons à Marie?

La plus belle prière que nous faisons à Marie, s'appelle la salutation angélique.

L'*Angelus* aux champs.

15. — Récitez-la.

Je vous salue, Marie, etc.

CHAPITRE VIII. — Des Sacrements

1. — Qu'est-ce que les sacrements ?

Les sacrements sont des signes sensibles, que Jésus-Christ a institués pour nous donner la grâce et nous sanctifier.

2. — Les sacrements donnent-ils toujours la grâce ?

Oui, les sacrements donnent toujours la grâce, quand on les reçoit bien.

3. — Combien y a-t-il de sacrements ?

Il y a sept sacrements : le Baptême, la Confirmation, l'Eucharistie, la Pénitence, l'Extrême-Onction, l'Ordre et le Mariage.

4. — Combien y a-t-il de sacrements qu'on ne peut recevoir qu'une fois ?

Il y a trois sacrements qu'on ne peut recevoir qu'une fois.

5. — Quels sont-ils ?

Ce sont : le Baptême, la Confirmation et l'Ordre.

CHAPITRE IX. — Du Baptême

1. — Qu'est-ce que le Baptême ?

Le Baptême est un sacrement. qui efface en nous le péché originel, nous fait chrétiens, enfants de Dieu et de l'Eglise.

LE BAPTÊME

2. — Tous les hommes sont-ils obligés de recevoir le Baptême ?

Oui, tous les hommes sont obligés de recevoir le Baptême.

3. — Ceux qui meurent avant de l'avoir reçu, entreront-ils au ciel ?

Non, ceux qui meurent avant de l'avoir reçu, n'entreront jamais au ciel.

4. — Que faut-il faire pour baptiser une personne ?

Pour baptiser une personne, il faut lui verser l'eau sur la tête et dire en même temps : Je te baptise, au nom du Père, et du Fils et du Saint-Esprit.

5. — Avec quoi doit-on baptiser ?

On doit baptiser avec de l'eau naturelle.

6. — Qui est-ce qui baptise ordinairement ?

Ordinairement, ce sont les prêtres qui baptisent.

Le Baptême de Notre-Seigneur

7. — Mais une autre personne peut-elle quelquefois baptiser?

Oui, quand il n'y a point de prêtre, une autre personne peut et doit baptiser, si c'est nécessaire.

CHAPITRE X. — De la Confirmation

1. — Qu'est-ce que la Confirmation?

La Confirmation est un sacrement, qui nous donne le Saint-Esprit pour nous fortifier dans la foi et nous rendre parfaits chrétiens.

2. — Que faut-il pour bien recevoir la Confirmation?

Pour bien recevoir la Confirmation, il faut : 1° être baptisé ; 2° connaître les principaux mystères de la religion ; 3° n'avoir aucun péché mortel.

3. — Qui est ce qui donne le sacrement de Confirmation?

Ce sont les Evêques qui donnent le sacrement de Confirmation.

4. — Pour nous donner ce sacrement, que fait d'abord l'Evêque ?

Pour nous donner ce sacrement, l'Evêque étend d'abord les mains sur nous et prie le Saint-Esprit de descendre dans notre âme.

5. — Que fait-il ensuite ?

Il fait ensuite le signe de la croix sur notre front avec du Saint-Chrême, en disant certaines paroles.

6. — Quelles sont ces paroles ?

Ces paroles, les voici : Je vous marque du signe de la Croix et je vous confirme avec le Saint-Chrême du salut, au nom du Père, et du Fils et du Saint-Esprit.

7. — Puis, que donne-t-il ?

Puis, il donne un petit soufflet.

CHAPITRE XI. — De l'Eucharistie

1. — Qu'est-ce que l'Eucharistie ?

L'Eucharistie est un sacrement, qui contient véritablement le corps, le sang, l'âme et la divinité de Jésus-Christ sous les espèces du pain et du vin.

§ I. — INSTITUTION DE L'EUCHARISTIE

2. — Quand Notre Seigneur Jésus-Christ a-t-il institué l'Eucharistie ?

Notre Seigneur Jésus-Christ a institué l'Eucharistie le Jeudi Saint, la veille de sa mort.

3. — Que fit Jésus-Christ pour instituer l'Eucharistie ?

Pour instituer l'Eucharistie, Jésus-Christ prit du pain et dit : « Ceci est mon corps. » Et aussitôt le pain fut changé au corps de Notre Seigneur.

4. — Que fit-il ensuite ?

Il prit ensuite le calice dans lequel il y avait du vin et dit : « Ceci est mon sang. » Et aussitôt le vin fut changé au sang de Notre Seigneur.

5. — Puis, que donna-t-il aux apôtres et aux prêtres ?

Puis, il donna aux apôtres et aux prêtres l'ordre et le pouvoir de changer le pain en son corps et le vin en son sang.

CE QUE FONT LES PRÊTRES A LA MESSE

6. — Pour obéir à Jésus-Christ, que font les prêtres ?

Pour obéir à Jésus-Christ, les prêtres prennent, à la messe, du pain et du vin, et ils disent les mêmes paroles que Jésus-Christ.

7. — Que disent-ils sur le pain ?

Ils disent sur le pain : « Ceci est mon corps. »
Et aussitôt le pain est changé au corps de Jésus-
Christ.

8. — Que disent-ils sur le vin ?

Ils disent sur le vin : « Ceci est mon sang. »
Et aussitôt le vin est changé au sang de Jésus-
Christ.

9. — Comment s'appellent ces paroles : « Ceci est mon
corps, ceci est mon sang ? »

Ces paroles : « Ceci est mon corps, ceci est
mon sang » s'appellent paroles de la consécration.

10. — Qu'est-ce que consacrer le pain et le vin ?

Consacrer le pain et le vin, c'est changer le
pain et le vin au corps et au sang de Jésus-
Christ.

§ II. — CE QU'EST L'HOSTIE ET CE QU'IL Y A DANS
LE CALICE APRÈS LA CONSÉCRATION

11. — Après la consécration, y a-t-il encore du pain
dans l'hostie ?

Non, après la consécration il n'y a plus de
pain dans l'hostie : c'est le corps de Jésus-Christ
qui y est sous les apparences du pain.

12. — Mais avec le corps de Notre Seigneur, qu'y a-t-il
aussi dans l'hostie ?

Avec le corps de Notre Seigneur, il y a aussi,
dans l'hostie, son sang, son âme et sa divinité.

13. — Après la consécration y a-t-il encore du vin dans
le calice ?

Non, après la consécration il n'y a plus de
vin dans le calice ; c'est le sang de Jésus-Christ
qui y est sous les apparences du vin.

14. — Mais avec le sang de Notre Seigneur, qu'y a-t-il aussi dans le calice ?

Avec le sang de Notre Seigneur, il y a aussi, dans le calice, son corps, son âme et sa divinité.

15. — Après la consécration, Jésus-Christ est donc vivant et tout entier dans l'hostie ?

Oui, après la consécration, Jésus-Christ est vivant et tout entier dans l'hostie.

16. — Est-il vivant et tout entier dans le calice ?

Oui, il est vivant et tout entier dans le calice.

17. — Devons-nous adorer la sainte Eucharistie ?

Oui, nous devons adorer la sainte Eucharistie, parce qu'elle contient Jésus-Christ qui est Dieu.

Le V. Curé d'Ars, disant la Messe, voit N. S. dans la sainte Hostie.

CHAPITRE XII

Du saint sacrifice de la Messe

1. — Qu'est-ce que la Messe ?

La Messe est le sacrifice du corps et du sang de Jésus-Christ, réellement présent sur l'autel sous les apparences du pain et du vin, et offert à Dieu pour les vivants et pour les morts.

2. — Qui a institué la sainte Messe ?

C'est Jésus-Christ qui a institué la sainte Messe et qui a dit la première, le Jeudi-Saint.

CE QUE FAIT JÉSUS-CHRIST PENDANT LA MESSE ET CE QUE NOUS DEVONS Y FAIRE AVEC LUI

3. — Que fait Jésus-Christ pendant la Messe ?

Jésus-Christ, pendant la Messe, adore Dieu, le remercie, lui demande le pardon de nos péchés et des peines qu'ils ont méritées.

4. — Que lui demande-t-il aussi ?

Il lui demande aussi toutes les grâces qui nous sont nécessaires.

5. — Pourquoi le prêtre dit-il la Messe et y assistons-nous ?

Le prêtre dit la Messe et nous y assistons, pour adorer Dieu et le remercier avec Jésus-Christ.

6. — Pourquoi encore ?

Le prêtre dit la Messe et nous y assistons, de plus, pour demander à Dieu, avec Jésus-Christ, le pardon de nos péchés et les grâces dont nous avons besoin.

DE L'ASSISTANCE A LA MESSE

7. — Est-il bon d'assister souvent à la Messe?

Oui, il est bon d'assister à la Messe toutes les fois que nous le pouvons.

8. — Que faut-il faire pour y bien assister?

Pour y bien assister, il faut prier avec Jésus-Christ et le prêtre, et nous unir à eux.

A QUI ET POUR QUI L'ON OFFRE LE SACRIFICE DE LA MESSE

9. — A qui peut-on offrir le sacrifice de la Messe?

On ne peut offrir le sacrifice de la Messe qu'à Dieu, et jamais à la sainte Vierge et aux Saints.

Le saint Sacrifice de la Messe.

10. — Pour qui offre-t-on le sacrifice de la Messe ?

On offre le sacrifice de la Messe pour tous les fidèles vivants et pour les âmes du purgatoire.

11. — Pourquoi l'offre-t-on pour les fidèles vivants ?

On l'offre pour les fidèles vivants afin que Dieu leur accorde les grâces dont ils ont besoin.

12. — Pourquoi l'offre-t-on pour les âmes du purgatoire ?

On l'offre pour les âmes du purgatoire afin que Dieu les délivre ou les soulage.

CHAPITRE XIII. — De la sainte Communion

1. — Qu'est-ce que communier ?

Communier c'est recevoir le sacrement d'Eucharistie.

2. — Que reçoit-on dans l'Eucharistie ?

On reçoit dans l'Eucharistie le corps, le sang, l'âme et la divinité de Notre Seigneur Jésus-Christ, sous les espèces ou apparences du pain et du vin.

GRÂCES QUE DONNE LA SAINTE COMMUNION

3. — Quand on communie bien, que fait en nous la sainte Eucharistie ?

Quand on communie bien, la sainte Eucharistie augmente en nous la grâce sanctifiante, nous unit intimement à Jésus-Christ et nous aide à ne plus pécher.

4. — Que nous donne-t-elle aussi ?

Elle nous donne aussi le droit d'aller au ciel après notre mort et de ressusciter glorieux à la fin du monde.

CE QU'IL FAUT POUR BIEN COMMUNIER

5. — Que faut-il pour bien communier ?

Pour bien communier, il faut n'avoir aucun péché mortel, croire fermement que c'est Jésus-Christ que l'on reçoit et être à jeun depuis minuit.

6. — Ceux qui communient avec un péché mortel, reçoivent-ils des grâces ?

Non, ceux qui communient avec un péché mortel ne reçoivent aucune grâce et font un grand sacrilège.

La sainte Communion.

7. — Qu'est-ce qu'être à jeun depuis minuit ?

Etre à jeun depuis minuit, c'est n'avoir rien mangé ni bu depuis minuit.

8. — Quels sont ceux qui peuvent communier sans être à jeun ?

Les malades en danger de mort peuvent communier sans être à jeun.

DE L'ACTION DE GRACES

9. — Que faut-il faire après avoir communié ?

Après avoir communié, il faut faire l'action de grâces.

10. — Qu'est-ce que faire l'action de grâces après la sainte communion.

Faire l'action de grâces après la sainte communion, c'est adorer Jésus-Christ en nous, le remercier et le prier.

CHAPITRE XIV

Du sacrement de Pénitence

1. — Qu'est-ce que la Pénitence ?

La Pénitence est un sacrement qui efface les péchés actuels commis après le Baptême.

2. — Quels sont ceux qui sont obligés de recevoir le sacrement de Pénitence ?

Tous ceux qui, après le Baptême, ont commis un ou plusieurs péchés mortels, sont obligés de recevoir le sacrement de Pénitence.

3. — S'ils ne le reçoivent pas, leurs péchés seront-ils effacés ?

Non, s'ils ne le reçoivent pas, leurs péchés ne seront pas effacés, et ils n'iront pas au ciel.

4. — Cependant la contrition peut-elle quelquefois remplacer le sacrement de Pénitence ?

Oui, la contrition parfaite peut quelquefois remplacer le sacrement de Pénitence.

5. — Quand la contrition parfaite remplace-t-elle le sacrement de Pénitence ?

La contrition parfaite remplace le sacrement de Pénitence, quand on désire le recevoir et qu'on ne le peut pas.

6. — Qui est-ce qui donne le sacrement de Pénitence ?

Ce sont les évêques et les prêtres qui donnent le sacrement de Pénitence.

7. — Comment le donnent-ils ?

Ils le donnent en prononçant les paroles de l'absolution.

Notre-Seigneur donne aux Apôtres les clefs du Ciel.

8. — Quelles sont les paroles de l'absolution ?

Les paroles de l'absolution sont : « Je vous absous de vos péchés, au nom du Père et du Fils et du Saint-Esprit. »

9. — Pour que le sacrement de Pénitence efface les péchés, comment faut-il le recevoir ?

Pour que le sacrement de Pénitence efface les péchés, il faut bien le recevoir.

10. — Que faut-il pour bien recevoir le sacrement de Pénitence ?

Pour bien recevoir le sacrement de Pénitence, il faut : 1º examiner sa conscience ; 2º avoir la contrition de ses péchés ; 3º les confesser ; 4º vouloir faire la pénitence que le confesseur ordonne.

CHAPITRE XV

De l'examen de conscience

1. — Qu'est-ce qu'examiner sa conscience ?

Examiner sa conscience, c'est réfléchir pour se rappeler les péchés qu'on a commis.

2. — Sommes-nous obligés d'examiner notre conscience avant de nous confesser ?

Oui, nous sommes obligés, avant de nous confesser, d'examiner notre conscience avec soin.

3. — Pour bien nous examiner, que faut-il faire d'abord ?

Pour bien nous examiner, il faut d'abord prier Dieu de nous aider à connaître nos péchés.

4. — A quoi faut-il penser ensuite ?

Ensuite, il faut penser successivement à chacun des commandements de Dieu et de l'Eglise, des péchés capitaux, et aux devoirs de notre état.

5. — Quand nous nous examinons, faut-il réfléchir pour savoir combien de fois nous avons fait chaque péché ?

Oui, quand nous nous examinons, il faut réfléchir pour savoir combien de fois nous avons fait chaque péché.

CHAPITRE XVI. — De la Contrition

1. — Que faut-il faire après avoir examiné notre conscience ?

Après avoir examiné notre conscience, il faut nous exciter à la contrition de nos péchés et la demander à Dieu.

2. — Qu'est-ce que la contrition ?

La contrition est une douleur de l'âme et une détestation des péchés que nous avons commis, avec une ferme volonté de ne plus pécher à l'avenir.

3. — Quand nous avons la contrition, qui est-ce qui est triste ?

Quand nous avons la contrition, c'est notre âme qui est triste et se repent d'avoir péché.

Madeleine repentante.

4. — Quand nous avons la contrition, qu'est-ce que nous haïssons ?

Quand nous avons la contrition, nous haïssons le péché, et nous voudrions ne l'avoir jamais commis.

5. — Quand nous avons la contrition, voulons-nous nous corriger ?

Oui, quand nous avons la contrition, nous voulons nous corriger et ne plus commettre aucune faute.

6. — Que font ceux qui n'ont pas la contrition et qui reçoivent l'absolution ?

Ceux qui n'ont pas la contrition et qui reçoivent l'absolution, font un sacrilège et leurs péchés ne sont pas effacés.

CHAPITRE XVII

Qualités de la Contrition

1. — Pour bien recevoir l'absolution, que doit être la contrition ?

Pour bien recevoir l'absolution, la contrition doit être intérieure, surnaturelle, souveraine et universelle.

2. — Quand la contrition est-elle intérieure ?

La contrition est intérieure, quand nous détestons vraiment nos péchés de tout notre cœur.

3. — Que faut-il 1º pour que la contrition soit surnaturelle ?

Pour que la contrition soit surnaturelle, il faut : 1º que ce soit le Saint-Esprit qui nous la donne.

4. — Que faut-il 2° ?

Il faut 2° que nous détestions nos péchés, parce que Dieu a révélé que le péché l'offense et lui déplaît ou qu'il nous fait perdre le ciel et nous mérite l'enfer.

5. — Quand la contrition est-elle souveraine ?

La contrition est souveraine, quand nous détestons nos péchés plus que tous les autres maux.

6. — Quand la contrition est-elle universelle ?

La contrition est universelle, quand nous détestons tous nos péchés mortels, sans en excepter un seul.

7. — Si notre contrition n'est pas intérieure, surnaturelle, souveraine et universelle, nos péchés sont-ils pardonnés ?

Non, si notre contrition n'est pas intérieure, surnaturelle, souveraine et universelle, nos péchés ne sont pas pardonnés.

8. — Et que faisons-nous en recevant l'absolution ?

Nous faisons un sacrilège en recevant l'absolution.

Jésus-Christ pardonne au bon larron.

CHAPITRE XVIII

Moyens d'avoir la Contrition

1. — Que faut-il faire pour avoir la contrition?

Pour avoir la contrition, il faut prier Dieu de nous l'accorder et faire des actes de repentir, d'espérance et d'amour de Dieu.

2. — Que faut-il encore?

Il faut encore penser que nous avons offensé Dieu qui est infiniment bon, infiniment aimable; penser que Jésus-Christ a souffert et est mort sur la croix, parce que nous avons péché; penser que le péché nous fait perdre le ciel et nous mérite l'enfer.

3. — Faites un acte de contrition.

Mon Dieu, mon Père, j'ai un très grand regret de vous avoir offensé, parce que vous êtes infiniment bon, infiniment aimable et que le péché vous déplaît. Pardonnez-moi mes péchés

Notre Seigneur couronné d'épines.

à cause des souffrances et des mérites de Jésus-Christ, mon Sauveur; je vous promets de me corriger avec votre grâce et de faire pénitence.

4. — Quand est-on obligé de faire des actes de contrition?

On est obligé de faire des actes de contrition : 1º Quand on va se confesser ; 2º quand on est en danger de mourir ; 3º quand on a commis un péché mortel.

CHAPITRE XIX. — De la Confession

1. — Que faut-il faire après nous être examinés et avoir fait des actes de contrition ?

Après nous être examinés et avoir fait des actes de contrition, il faut aller nous confesser.

2. — Qu'est-ce que nous confesser ?

Nous confesser, c'est accuser nos péchés à un prêtre pour en recevoir l'absolution.

3. — Comment devons-nous nous confesser ?

Nous devons nous confesser *humblement, simplement et entièrement.*

Les pèlerins attendant leur tour près du confessionnal du V. Curé d'Ars.

4. — Qu'est-ce que nous confesser humblement?

Nous confesser *humblement*, c'est nous confesser avec modestie et ne pas nous excuser.

5. — Qu'est-ce que nous confesser simplement ?

Nous confesser *simplement*, c'est confesser
nos péchés comme nous les connaissons, sans
les augmenter ni les diminuer.

6. — Qu'est-ce que nous confesser entièrement?

Nous confesser *entièrement*, c'est dire tous
nos péchés mortels et combien de fois nous
avons fait chaque péché.

7. — Si l'on cache au prêtre un seul péché mortel, les
autres péchés sont-ils effacés?

Non, si l'on cache au prêtre un seul péché
mortel, aucun péché n'est effacé.

8. — Et en recevant l'absolution que fait-on ?

L'on fait un sacrilège en recevant l'absolution.

9. — Est-il nécessaire d'accuser les péchés véniels ?

Il est bon et utile d'accuser les péchés véniels,
mais ce n'est pas absolument nécessaire.

CHAPITRE XX. — De l'Absolution

1. — Après que nous nous sommes confessés, que nous
donne le prêtre ?

Après que nous nous sommes confessés, le
prêtre nous donne l'absolution, si nous pouvons
la recevoir.

2. — Que faut-il faire quand le prêtre nous donne l'absolution ?

Quand le prêtre nous donne l'absolution, il faut nous recueillir et faire de tout notre cœur l'acte de contrition.

3. — Que faut-il faire après avoir reçu l'absolution ?

Après avoir reçu l'absolution, il faut remercier Dieu qui nous a pardonné nos péchés, nous rappeler les avis du confesseur et faire notre pénitence.

4. — Que faut-il faire si le prêtre ne nous donne pas l'absolution ?

Si le prêtre ne nous donne pas l'absolution, il faut nous soumettre sans murmurer et faire ce qu'il commande.

Notre-Seigneur dit au paralytique : « Vos péchés vous sont remis. »

CHAPITRE XXI. — De la Satisfaction

1. — Quand nous recevons bien l'absolution, Dieu efface-t-il nos péchés ?

Quand nous recevons bien l'absolution, Dieu efface nos péchés et nous délivre toujours de l'enfer.

2. — Mais après l'absolution, veut-il ordinairement nous punir encore de ces péchés ?

Oui, après l'absolution, il veut ordinairement nous punir encore de ces péchés dans le purgatoire ou en cette vie.

3. — Pourquoi ?

Parce que souvent notre contrition n'est pas assez parfaite.

4. — Que nous donne le prêtre avant ou après l'absolution ?

Avant ou après l'absolution le prêtre nous donne une pénitence.

Le saint Sacrifice offert pour les défunts.

5. — Si nous la faisons bien, Dieu nous punira-t-il encore ?

Si nous la faisons bien, Dieu ne nous punira pas dans le purgatoire ou pendant notre vie, ou il nous punira moins.

6. — Sommes-nous obligés de faire la pénitence que nous donne le confesseur ?

Oui, nous sommes obligés de faire la pénitence que le confesseur nous donne.

7. — Quand faut-il l'accomplir ?

Il faut l'accomplir le plus tôt possible après la confession.

8. — Comment pouvons-nous encore obtenir que Dieu ne nous punisse pas ou nous punisse moins ?

Nous pouvons obtenir encore que Dieu ne nous punisse pas ou nous punisse moins en purgatoire ou en cette vie, en faisant des bonnes œuvres, en gagnant des indulgences, etc.

CHAPITRE XXII. = Des Indulgences

1. — Qu'est-ce que les indulgences ?

Les indulgences sont la rémission de la peine temporelle que nos péchés méritent après qu'ils ont été effacés.

2. — Quelles sont les peines temporelles ?

Les peines temporelles sont les peines de cette vie et le purgatoire.

3. — Combien y a-t-il de sortes d'indulgences ?

Il y a deux sortes d'indulgences : l'indulgence plénière et l'indulgence partielle.

4. — Qu'est-ce que l'indulgence plénière ?

L'indulgence plénière est la rémission de toute la peine temporelle.

5. — Qu'est-ce que l'indulgence partielle ?

L'indulgence partielle est la rémission d'une partie de la peine temporelle.

6. — Qui est-ce qui peut accorder des indulgences ?

Le Pape et les Evêques seuls peuvent accorder des indulgences.

CHAPITRE XXIII

Du sacrement de l'Extrême-Onction

1. — Qu'est-ce que l'Extrême-Onction ?

L'Extrême-Onction est un sacrement que Jésus-Christ a institué pour soulager l'âme et le corps des malades en danger de mort.

Les âmes du purgatoire implorent les prières des fidèles.

2. — Quelles grâces l'Extrême-Onction donne-t-elle au malade ?

L'Extrême-Onction efface les péchés que le malade n'aurait pas pu confesser, l'aide à ne plus pécher, à souffrir avec patience et à mourir saintement.

3. — Diminue-t-elle aussi les souffrances du malade ?

Oui, elle diminue aussi les souffrances du malade et le guérit si la santé doit être utile à son âme.

4. — Pour donner l'Extrême-Onction, que fait le prêtre ?

Pour donner l'Extrême-Onction, le prêtre fait le signe de la croix avec de l'huile sainte sur les yeux du malade, sur ses oreilles, sur ses narines, sur sa bouche, sur ses mains et sur ses pieds.

5. — En même temps que demande-t-il à Dieu ?

En même temps il demande à Dieu de pardonner tous les péchés que le malade a commis par les yeux, par les oreilles, etc.

6. — Que doit faire le malade pour bien recevoir l'Extrême-Onction ?

Pour bien recevoir l'Extrême-Onction, le malade doit : 1° Se confesser s'il le peut ; 2° avoir la contrition de ses péchés, une grande confiance en Dieu et se soumettre à sa volonté.

CHAPITRE XXIV

Du sacrement de l'Ordre

1. — Qu'est-ce que l'Ordre ?

L'Ordre est un sacrement qui donne le pouvoir de faire les fonctions ecclésiastiques et la grâce pour les faire saintement.

2. — Quels sont ceux qui peuvent donner le sacrement de l'Ordre ?

Les Évêques seuls peuvent donner le sacrement de l'Ordre.

3. — Quel est le sacrement qui fait les évêques et les prêtres ?

C'est le sacrement de l'Ordre qui fait les Evêques et les prêtres.

CHAPITRE XXV

Du sacrement de Mariage

1. — Qu'est-ce que le Mariage ?

Le mariage est un sacrement qui unit légitimement et pour toujours l'homme et la femme, et leur donne la grâce de vivre chrétiennement et de bien élever leurs enfants.

2. — Que faut-il avoir pour bien recevoir le sacrement de Mariage ?

Pour bien recevoir le sacrement de mariage, il faut avoir la grâce sanctifiante.

EXAMEN DE CONSCIENCE

~~~~~

Demandez à Dieu la grâce de bien connaître vos péchés :

Notre Père.....

Je vous salue, Marie,.....

Et afin de vous les rappeler, lisez l'examen suivant :

COMMANDEMENTS DE DIEU

1er COMMANDEMENT. — *Tu adoreras un seul Dieu et tu l'aimeras parfaitement.*

Mon Père, je m'accuse :

De n'avoir pas offert mon cœur à Dieu en me levant ;

D'avoir manqué ma prière du matin et du soir ;

D'avoir fait ma prière sans attention ;

D'avoir ri pendant ma prière ;

D'avoir fait rire les autres ;

De n'avoir pas prié avant et après les repas ;

D'avoir ri et parlé dans l'église ;

D'être entré dans l'église sans faire de prières ;

De m'être moqué des prêtres, des religieux ;
~~~~~

2e COMMANDEMENT. — *Tu ne jureras pas en vain le saint nom de Dieu*

Mon Père, je m'accuse :
D'avoir blasphémé ;
D'avoir souhaité du mal au prochain.

3e COMMANDEMENT. — *Tu sanctifieras le dimanche*

Mon Père, je m'accuse :
D'avoir manqué volontairement la messe le dimanche ou un jour de fête ;
De n'avoir pas prié pendant la messe ;
D'avoir parlé ou dormi pendant la messe ;
D'y être arrivé trop tard ;
De n'en avoir pas attendu la fin ;
D'avoir travaillé le dimanche ;
D'avoir manqué les vêpres.

4e COMMANDEMENT. — *Tu honoreras ton père et ta mère pour vivre longuement*

Mon Père, je m'accuse :
D'avoir désobéi à mon père, à ma mère ;
D'avoir désobéi à mes maîtres ;
D'avoir obéi en murmurant ;
De n'avoir pas obéi promptement ;
D'avoir répondu sans respect ;
D'avoir levé la main contre mes parents ou mes maîtres pour les frapper ;
D'avoir dit des injures à mon père, à ma mère ;
De m'être moqué d'eux ;
D'avoir dit du mal d'eux ;
D'avoir frappé mes frères et sœurs ;
De m'être querellé avec eux ;
D'avoir eu contre eux de la jalousie.

5° COMMANDEMENT. — *Tu ne tueras pas et tu ne désireras pas tuer.*

Mon Père, je m'accuse :

D'avoir souhaité la mort à mon prochain ;
De l'avoir frappé ;
De l'avoir haï ;
De n'avoir pas voulu lui pardonner ;
De n'avoir pas voulu lui rendre service ;
De m'être vengé ;
D'avoir désiré me venger ;
D'avoir donné de mauvais conseils ;
D'avoir donné de mauvais exemples ;
D'avoir été content de voir mon prochain puni.

6° et 9° COMMANDEMENTS. — *Tu ne feras pas des choses impures et tu ne désireras pas en faire*

Mon Père, je m'accuse :

D'avoir fait des choses immodestes ;
D'avoir dit des choses immodestes ;
D'avoir regardé des choses immodestes ;
D'avoir pensé volontairement à des choses immodestes ;
D'avoir désiré faire des choses immodestes ;
D'avoir fait des choses immodestes avec mes camarades ;
D'avoir été immodeste en m'habillant ou en me déshabillant.

7° et 10° COMMANDEMENTS. — *Tu ne voleras pas et tu ne désireras pas injustement le bien du prochain*

Mon Père, je m'accuse :

D'avoir volé mes parents, mes maîtres, mes camarades ;

D'avoir conseillé à mes camarades de voler ;
D'avoir donné des choses qui n'étaient pas
à moi ;
D'avoir déchiré, cassé ou perdu des choses
qui ne m'appartenaient pas ;
De n'avoir pas rendu les choses qu'on m'avait
prêtées ;
D'avoir gardé des choses trouvées ;
D'avoir désiré voler.

8e COMMANDEMENT — *Tu ne mentiras et tu ne
feras pas de faux témoignage*

Mon Père, je m'accuse :

D'avoir dit de mon prochain du mal qui
n'était pas vrai ;
D'avoir fait connaître sans nécessité les fautes
ou les défauts du prochain ;
D'avoir accusé mes camarades injustement ;
D'avoir menti pour les faire punir ;
D'avoir menti pour m'excuser ;
D'avoir conseillé aux autres de mentir.

COMMANDEMENTS DE L'ÉGLISE

3e COMMANDEMENT. — *Tu confesseras tes péchés
au moins une fois chaque année*

Mon Père, je m'accuse :
D'avoir négligé longtemps de me confesser ;
D'avoir caché des péchés dans ma confession ;
D'avoir lu ou fait connaître la confession des
autres ;

6e COMMANDEMENT. — *Tu ne mangeras pas de viande le vendredi et le samedi*

Mon Père, je m'accuse :
D'avoir mangé de la viande les jours défendus.

~~~~~~

PÉCHÉS CAPITAUX

Mon Père, je m'accuse :
Orgueil. — D'avoir été vaniteux ;
D'avoir été entêté ;
D'avoir été hypocrite ;
De m'être fâché quand on m'a corrigé ;
D'avoir boudé.
Envie. — D'avoir été triste, parce que mon prochain était heureux ;
De m'être réjoui du mal de mon prochain.
Gourmandise. — D'avoir mangé sans nécessité ;
D'avoir trop bu ou trop mangé ;
D'avoir volé des friandises.
Colère. — De m'être mis en colère ;
D'avoir été de mauvaise humeur ;
De m'être impatienté.
Paresse. — D'avoir été paresseux pour me lever ;
D'avoir été paresseux pour étudier ;
D'avoir travaillé lentement ;
D'avoir fait perdre le temps à mes camarades.

~~~~~~

Après votre examen, demandez à Dieu la contrition de vos péchés en récitant votre chapelet. Réfléchissez à l'enfer que vous avez mérité, au ciel que vous avez perdu, aux souffrances de Jésus-Christ qui est mort sur la croix pour expier nos péchés, à l'infinie bonté de Dieu que vous avez méprisée.

Faites des actes de contrition, d'espérance, d'amour de Dieu, et allez vous confesser.

MANIÈRE DE SE CONFESSER

1. — Pour vous confesser, mettez-vous à genoux, faites le signe de la croix et dites :

« Bénissez-moi, mon Père, parce que j'ai péché.

« Je confesse à Dieu tout puissant, à la bien-
« heureuse Marie toujours vierge, à saint Michel
« Archange, à saint Jean-Baptiste, aux Apôtres
« saint Pierre et saint Paul, à tous les Saints et
« à vous, mon Père, que j'ai beaucoup péché
« par pensées, par paroles, par actions, et par
« omission. »

« Mon Père, il y a......., que je ne me suis pas
« confessé, j'ai reçu l'absolution dans ma der-
« nière confession (ou je ne l'ai pas reçue) ; j'ai
« accompli ma pénitence (ou je ne l'ai pas
« accomplie). »

2. — Accusez ensuite vos péchés.

3. — Après avoir confessé tous vos péchés, dites :

« Mon Père, je m'accuse de tous ces péchés,
« de tous ceux que j'ai oubliés, de tous ceux de
« ma vie passée : j'en demande pardon à Dieu
« et à vous, mon Père, la pénitence, et, si vous
« m'en jugez digne, l'absolution. »

« C'est ma faute, c'est ma faute, c'est ma très
« grande faute : c'est pourquoi je supplie la
« bienheureuse Marie toujours vierge, saint

« Michel Archange, saint Jean-Baptiste, les
« Apôtres saint Pierre et saint Paul, tous les
« Saints, et vous, mon Père, de prier pour moi
« le Seigneur notre Dieu. »

4. — Ici, faites attention aux avis du confesseur et recevez la pénitence qu'il vous donnera.
Quand le confesseur vous dira qu'il vous donne
l'absolution, inclinez-vous et faites de tout votre
cœur l'acte de contrition.

5. — Après être sorti du confessionnal, remer-
ciez Dieu de vous avoir pardonné vos péchés et
prenez encore la résolution de vous corriger.

6. — Si le confesseur ne vous donne pas
l'absolution, soumettez-vous avec humilité,

TABLE DES MATIÈRES

CATÉCHISME

A L'USAGE DES SOURDS PARLANTS

PREMIÈRE PARTIE

SYMBOLE DES APOTRES

DEUXIÈME PARTIE

DES COMMANDEMENTS DE DIEU ET DE L'EGLISE
ET DU PÉCHÉ

TROISIÈME PARTIE

DE LA GRÂCE, DES VERTUS, DE LA PRIÈRE ET DES SACREMENTS

Abbeville, imprimerie C. Paillart, Éditeur des *Brochures illustrées de Propagande Catholique.*

C. PAILLART · IMPRIMEUR · EDITEUR
ABBEVILLE